W0312659

Aidez votre enfant à mieux apprendre

Groupe Eyrolles
61, Bd Saint-Germain
75240 Paris Cedex 05

www.editions-eyrolles.com

Mise en pages : Istria

Le code de la propriété intellectuelle du 1er juillet 1992 interdit en effet expressément la photocopie à usage collectif sans autorisation des ayants droit. Or, cette pratique s'est généralisée notamment dans l'enseignement, provoquant une baisse brutale des achats de livres, au point que la possibilité même pour les auteurs de créer des œuvres nouvelles et de les faire éditer correctement est aujourd'hui menacée.

En application de la loi du 11 mars 1957, il est interdit de reproduire intégralement ou partiellement le présent ouvrage, sur quelque support que ce soit, sans autorisation de l'Éditeur ou du Centre Français d'Exploitation du Droit de copie, 20, rue des Grands-Augustins, 75006 Paris.

© Groupe Eyrolles, 2008
ISBN : 978-2-212-54038-3

Bruno Hourst
Illustrations : Jilème

Aidez votre enfant à mieux apprendre

EYROLLES

Du même auteur :

Au bon plaisir d'apprendre, InterÉditions, 3e édition, 2008
Former sans ennuyer, Éditions d'Organisation, 3e édition, 2008
Modèles de jeux de formation, Éditions d'Organisation, 3e édition, 2007
À l'école des intelligences multiples, Hachette Éducation, 2006

Sommaire

© Groupe Eyrolles

© Groupe Eyrolles

Introduction

Vouloir aider son enfant à mieux apprendre apparaît à la fois comme une évidence – qui ne veut le meilleur pour son enfant ? – et souvent comme une mission impossible : l'apprentissage est considéré comme relevant des enseignants, et peu de parents s'estiment suffisamment compétents pour jouer ce rôle à la maison.

Bien entendu, le parent essayera à l'occasion d'expliquer à son enfant comment *lui* a appris la règle de trois ou l'accord du participe passé, mais d'une manière qui ne correspondra en général pas à celle proposée par l'enseignant (la pédagogie fait des progrès), mettant alors l'enfant dans une position de grand écart psychologique : faire comme papa, ou comme l'enseignant ? Même si la méthode de papa lui convient, il choisira bien souvent le camp de l'enseignant, parce que c'est lui, au bout du compte, qui note.

Après quelques répétitions de ce genre de conflit, le parent aura tendance à baisser les bras avec fatalisme, et se contentera de jouer le rôle de contrôleur des travaux finis : « As-tu fait tes devoirs ? As-tu appris tes leçons ? » Mais peut-il faire autrement, existe-t-il une autre possibilité entre le fait de jouer à l'enseignant sans être compétent et celui d'endosser le rôle du contrôleur qui vérifie et punit ? Ce livre souhaite montrer qu'une troisième voie existe, pour le bénéfice autant de l'enfant que du parent ; que l'on n'a pas besoin d'être spécialiste dans toutes les matières du programme pour aider, soutenir et accompagner son enfant dans son travail scolaire ; que

© Groupe Eyrolles

« l'heure des devoirs et des leçons » peut être un moment riche vécu avec son enfant, et non un lieu de tensions ; et, même, que le parent peut se découvrir, à l'occasion, une envie d'apprendre qu'il pensait éteinte depuis les bancs de l'école.

Pour cela, nous proposerons différents éléments au parent de bonne volonté :

- des outils particuliers d'apprentissage, pas forcément très connus, mais reconnus par des spécialistes et des chercheurs, outils qui sont intéressants et plaisants à utiliser, efficaces et faciles à mettre en œuvre ;
- quelques apports théoriques, qui justifient l'emploi de ces outils ;
- des pistes et des moments de réflexion, pour prendre un peu de recul sur tout ce qui touche à l'apprentissage ;
- quelques idées clés développées par de grands pédagogues à travers l'histoire.

Donc, si vous voulez en savoir plus : bienvenue !

© Groupe Eyrolles

Chapitre 1

Apprendre, et bien apprendre

Avant d'entrer dans le vif du sujet, plantons le décor et intéressons-nous un instant à ce que renferme le mot « apprendre ». Voici quelques premières pistes :

- d'une manière générale, apprendre est une nécessité ;
- vu du côté des parents, veiller à ce que l'enfant apprenne est un acte éducatif ;
- la relation à l'« apprendre » est un élément fondateur de la personnalité ;
- « apprendre » crée souvent des tensions ;
- savoir apprendre est une richesse pour toute la vie ;
- il n'y a pas qu'une seule manière d'apprendre (celle de l'école) ; on peut apprendre de différentes manières, on peut apprendre *autrement*.

Bien apprendre est une nécessité

Une faculté naturelle

Apprendre semble bien être une faculté naturelle et primordiale de l'être humain, que le petit d'homme possède dès sa naissance. À l'inconvénient d'avoir un acquis instinctif faible, il remédie par cette possibilité d'apprendre avec facilité, dès sa

© Groupe Eyrolles

naissance, des choses très complexes. Et, d'une manière naturelle, il devrait garder toute sa vie cette capacité et cette facilité à apprendre.

Pourtant, les choses ne sont pas si simples, nous le savons. Il arrive que cette capacité à apprendre soit dévoyée, bridée ou étouffée, il arrive que l'enfant, en grandissant, perde ce plaisir et cette fringale dévorante d'apprendre. Pour entretenir cette *nécessité* à bien apprendre, ou pour éviter la perte du goût d'apprendre, l'école et la société ont leur responsabilité. Et les parents aussi.

Le kit de série du petit enfant

L'enfant, dans l'équipement de base qui lui est donné à la naissance, bénéficie de certains talents que l'on peut souhaiter lui faire conserver et développer toute sa vie. Cet équipement de série, en dehors des dons particuliers rajoutés parfois par une bonne fée, comprend en général :

- une grande aptitude à se détendre et à se concentrer ;
- une grande confiance en soi ;
- une créativité débordante et infinie ;
- une capacité à bouger avec souplesse et élégance ;
- une passion et un plaisir pour apprendre et découvrir des choses nouvelles ;
- un besoin vital d'entrer en relation avec les autres ;
- une capacité à structurer les stimuli et les informations qu'il reçoit ;
- une exceptionnelle capacité à mémoriser.

© Groupe Eyrolles

Le bon usage de tous ces talents dépendra d'abord – et d'une manière capitale – de l'environnement familial et social du petit enfant. Puis, ce sera au système scolaire de se servir de ce bagage de talents, de l'entretenir et de le développer, pour que l'enfant continue naturellement à apprendre, et à bien apprendre. Les parents sont alors moins directement impliqués, mais ils n'en jouent pas moins un rôle essentiel pour soutenir leur enfant dans cette démarche permanente d'apprentissage.

Et même si la *réalité* du système scolaire et de l'environnement familial ne ressemble pas toujours à cette description, on peut malgré tout souhaiter pour l'enfant cet objectif premier : bien apprendre, et garder l'envie d'apprendre tout au long de son parcours scolaire et, ensuite, toute sa vie.

La maîtrise de quelques outils fondamentaux

Dès son entrée à l'école primaire, l'enfant aura besoin d'acquérir des outils élémentaires et essentiels d'apprentissage : il aura besoin d'apprendre à « lire, écrire et compter », selon l'expression consacrée. Cela sera le premier rôle essentiel de l'école que de lui fournir ces outils. Curieusement, on comprend d'ailleurs mal pourquoi ces outils de base sont si difficiles à maîtriser par beaucoup d'enfants : *tous* les enfants, avant d'entrer à l'école, ont acquis des connaissances d'une très grande complexité, même si elles nous semblent évidentes en tant qu'adultes : par exemple, saisir une cuillère, se mettre debout, parler très correctement une langue « étrangère » (leur langue maternelle), reconnaître des symboles et des abstractions complexes, ou établir des relations subtiles avec les adultes qui les entourent. Pourquoi cette extraordinaire capacité à apprendre chute-t-elle brutalement à l'école, et parfois très rapidement ? Voilà une question qui n'a pas fini d'échauffer les esprits.

© Groupe Eyrolles

Comment apprendre aujourd'hui ?

Les spécialistes ne sont pas avares de commentaires sur la manière d'apprendre de nos enfants et de nos petits-enfants. La plupart d'entre eux s'accordent sur « l'ère de l'information » qui s'ouvre devant nous, où l'informatique, Internet et les médias tiennent une place centrale. Déjà, des « lycées virtuels » font leur apparition, des hommes politiques voient dans Internet la panacée universelle à tous les problèmes de l'école, et l'on met presque dès le berceau les enfants devant un écran d'ordinateur.

Pourtant, on peut ne pas forcément rêver d'un monde où la norme admise par tous serait de communiquer avec l'autre bout du monde sans connaître son voisin de palier, où l'on aurait accès à toute l'information du monde sans être vraiment capable de s'écouter soi-même, où l'image omniprésente et imposée nous couperait de notre capacité à regarder et à observer. La technologie modifie notre rapport à « l'apprendre », d'une manière dont il nous est difficile de mesurer les conséquences.

Bien apprendre à l'enfant est un acte éducatif

L'apprentissage, un lieu d'éducation

En tant qu'adultes, prenons conscience que l'enjeu n'est pas mince : à travers la manière dont nos enfants apprennent aujourd'hui, se crée l'humanité de demain. Car apprendre est bien autre chose que remplir une tête, qu'elle soit bien faite ou bien pleine : à travers ces apprentissages vont se créer progressivement chez l'enfant son rapport au monde, aux adultes, et les fondements de sa personnalité. Du coup, apprentissage et éducation sont intimement liés. À travers la leçon d'histoire à réciter, ou le devoir de maths à rendre à la date prévue, vont apparaître des éléments essentiels d'éducation :

- comment communiquer entre parent et enfant ;
- comment va s'exercer l'autorité du parent ;

© Groupe Eyrolles

- quels sont les éléments négociables et quels sont ceux non-négociables ;
- comment favoriser l'autonomie et la confiance en soi de son enfant ;
- comment sanctionner lorsque cela est nécessaire ;
- etc.

Enseignants et parents portent là une responsabilité éducative qu'il leur faut accepter.

Des difficultés à assumer

Cette tâche d'éducation porte son lot à la fois de richesses et de frustrations... Il y a d'abord le plaisir du parent de voir le petit enfant découvrir le monde, l'écouter s'exprimer d'une manière de plus en plus fine, tenter de répondre aux mille et une questions qu'il pose. Puis, quelques années plus tard, le parent se trouvera face à un préadolescent blasé, intéressé essentiellement par (ce qui semble à l'adulte) des futilités, refusant d'apprendre, et plus ou moins en rupture scolaire.

Bien souvent, l'enseignant comme le parent vont vivre avec souffrance cette perte d'envie d'apprendre chez l'enfant, tout en ayant le sentiment qu'ils portent une part de responsabilité dans cette évolution regrettable. Mais comment peut-on éviter cela ?

Les parents pourront se justifier en mettant en avant différents facteurs :

- leur manque de disponibilité ;
- leur manque de savoir-faire : on ne nous apprend pas à être parents ;
- l'accélération des changements dans la société : les enfants d'aujourd'hui ne ressemblent pas à ce qu'ils ont été (mais est-ce que les besoins des enfants ont vraiment changé ?) ;
- parfois l'influence d'un environnement social difficile, qui ne reconnaît pas la valeur du travail et de l'effort ;

© Groupe Eyrolles

- leur méconnaissance d'outils simples et généraux – applicables pour toutes les matières et pour toutes les classes – pour aider leur enfant dans son travail à la maison ;
- la nécessité de le laisser grandir tout seul, pour le rendre plus vite autonome ;
- la volonté de ne pas empiéter sur le domaine réservé des enseignants ;
- la fatalité...

Bien apprendre pour développer sa personnalité

Une fois adulte, notre rapport au « fait d'apprendre » devient un élément essentiel de notre personnalité, qui fixera un grand nombre de nos comportements : la curiosité ou le repli, l'écoute ou le bavardage, la prise de risque ou l'attachement permanent à notre « zone de confort », là où nous sommes en sécurité.

Et puis, il n'est pas besoin de gratter longtemps le vernis d'à peu près n'importe quel adulte pour découvrir des souffrances liées à l'apprentissage lorsqu'il était enfant. Cela pourra concerner des matières dans lesquelles il était « nul », ou bien des manières de faire de certains enseignants, ou bien encore la pression subie de la part de ses parents pour qu'il « réussisse ». Et la personnalité de l'adulte s'est bâtie, au moins en partie, sur ces souffrances...

Mais sur quoi pourrait-on fonder une pédagogie qui diminue ce risque de souffrances ? Et comment éviter les séquelles que ces souffrances laissent sur la personnalité ? Car on peut considérer ces souffrances comme totalement inutiles.

Les principes du mieux-apprendre

En suivant le travail de chercheurs tout autant que le bon sens, on peut dire que « bien apprendre » s'appuie sur un certain nombre d'idées clés, et en particulier :

© Groupe Eyrolles

- les *capacités à apprendre* d'un être humain sont bien supérieures à celles que l'on considère habituellement comme normales (nous pouvons apprendre des tas de choses qui nous semblent « impossibles »), et tout apprentissage doit tenir compte des opinions restrictives des enfants (et parfois de leurs parents) sur leurs capacités, et de celles des enseignants sur les capacités de leurs élèves ;
- apprendre est un processus qui met en œuvre *l'ensemble de la personne*, en particulier le conscient et l'inconscient, le corps et les émotions ;
- *l'environnement d'apprentissage* (environnement physique, émotionnel, social, mental) joue un rôle important dans la qualité d'un apprentissage ;

- il n'y a pas d'intelligence absolue qui serve de référence (à travers des tests) pour mesurer l'intelligence d'un être humain ;
- chaque personne a un *mode préférentiel d'apprentissage*, qu'il est important de prendre en compte ;
- on apprend mieux lorsque l'on est dans un état de *détente concentrée* ;
- on apprend mieux lorsque ce que l'on apprend a un *sens*, et lorsque l'on prend *plaisir* à apprendre ;
- les *arts*, et tout particulièrement la musique, sont des vecteurs d'apprentissage particulièrement riches et importants ;
- le *mouvement* est un vecteur d'apprentissage important, que l'on peut utiliser dans de nombreuses occasions ;
- les *émotions* jouent un rôle essentiel dans tout apprentissage, comme source d'énergie et de motivation, et elles favorisent la mémoire à long terme ;
- le *travail en coopération* facilite et enrichit tout apprentissage ;
- une bonne connaissance du *fonctionnement du cerveau* permet d'améliorer la qualité d'un apprentissage.

© Groupe Eyrolles

Éloge de la différence

Notre système scolaire est globalement basé sur un principe d'égalité et d'uniformité : tous les élèves peuvent apprendre et réussir, à condition d'apprendre de la même manière, au même moment. Et, bien souvent, on ne parlera de *différenciation* que lorsque l'élève sera en difficulté.

D'un autre côté, il est bien admis que nous avons tous des personnalités différentes – c'est ce qui fait la richesse d'une société et, plus généralement, de l'humanité. Comment résoudre cette contradiction ? Comme les élèves sont *effectivement* tous différents, qu'ils n'apprennent pas de la même manière et au même rythme, va se poser le problème de l'hétérogénéité des classes, dont se plaignent volontiers certains enseignants. Jusqu'à ce qu'ils découvrent que cette hétérogénéité peut être une source de richesse. Au « lit de Procuste » vont se substituer l'éloge de la différence et son encouragement.

Procuste

Dans la mythologie grecque, Procuste était un brigand qui offrait l'hospitalité aux voyageurs pour les torturer de la manière suivante. Il les attachait sur un lit en fer, où ils devaient tenir exactement : s'ils étaient trop grands, il coupait les membres qui dépassaient ; et s'ils étaient trop petits, il les étirait jusqu'à ce qu'ils atteignent la taille requise.

© Groupe Eyrolles

Procuste est devenu le symbole de l'uniformisation. L'expression « lit de Procuste » désigne toute tentative de réduire les hommes à un seul modèle, à une seule façon de penser ou d'agir.

« Apprendre » crée des tensions

Hormis dans la toute petite enfance, pendant laquelle peu ou pas de contraintes sont imposées à l'enfant pour apprendre (et il apprend extraordinairement bien pendant cette période), le fait d'apprendre va progressivement devenir un processus structuré et codifié auquel va devoir se plier l'enfant. Tout peut bien se passer – mais c'est rare. Des tensions vont apparaître, et parfois s'aggraver, mettant en cause le système scolaire, les enseignants et les parents.

Un jeu facile : faire la critique du système scolaire

Mettre en évidence les innombrables dysfonctionnements de notre système scolaire est un jeu relativement facile, qui remplit les bibliothèques. Et il est vrai que, pour un extraterrestre (féru de psychiatrie) débarquant un jour dans nos écoles, notre système apparaîtrait en de nombreux points comme essentiellement schizophrène, tant on y rencontre une « réalité » qui frise la folie – mais une folie parfaitement admise par tous. Quelques petits exemples, en caricaturant un peu :

- obliger un enfant de 8 ans à rester assis sur une chaise huit heures par jour ;
- lui réclamer pendant ce temps une attention totale (alors que la durée d'attention d'un adulte est en moyenne de douze minutes) ;
- imposer aux enseignants de transmettre des programmes extrêmement ambitieux (aucun adulte, d'après les spécialistes, ne maîtrise l'ensemble des programmes de la classe de seconde), tout en acceptant comme norme que les élèves n'en sachent que la moitié (le fameux « 10 de moyenne ») ;

© Groupe Eyrolles

- ne pas s'étonner de jeunes qui vomissent avant un simple contrôle, ou du développement considérable des myopies dès le primaire, etc.

Chacun peut jouer indéfiniment à ce jeu-là et non sans raison, car on a bien l'intuition que l'enjeu est de taille. Mais que cette « folie » conduise à des tensions c'est, d'une certaine manière, *normal*. Et l'argument « Je n'en suis pas mort » n'exclut pas, pour le parent, de prendre conscience de la « folie » de notre système scolaire. Non pas pour le rejeter en bloc, mais pour participer à le rendre humainement plus vivable.

Quelques facteurs créateurs de tensions

Pour apprendre, certaines idées peuvent être créatrices de fortes tensions, par exemple :

- on doit apprendre une chose après l'autre (en fait, notre cerveau n'aime pas trop les processus linéaires, cela l'ennuie) ;
- tous les élèves apprennent de la même façon (l'expérience montre que c'est tout le contraire) ;
- on est *matheux* ou *littéraire* (et pourquoi ne pourrait-on pas être les deux à la fois ?) ;
- la manière d'enseigner de l'enseignant est la meilleure (elle peut être excellente pour certains enfants, et ne pas correspondre du tout à la manière d'apprendre d'autres enfants) ;
- il n'y a qu'une seule bonne manière d'apprendre, c'est celle de l'enseignant (que faire si l'enfant apprend plus facilement autrement ?) ;
- pour apprendre, il faut rester assis sur une chaise devant une table (est-ce vraiment nécessaire ?) ;
- si l'enfant a de mauvaises notes, il doit être puni ;
- etc.

Face à ces tensions vécues au quotidien, le parent pourra s'y prendre de différentes manières : critiquer, soutenir, ne rien faire, en rajouter… Explorons-en quelques-unes.

© Groupe Eyrolles

Les solutions du distributeur de boissons gazeuses

Le parent, concernant la scolarité de son enfant, va souvent se comporter comme devant un distributeur de boissons gazeuses. Imaginons : vous avez soif, et vous êtes devant un distributeur de boissons. Vous introduisez votre argent à l'endroit voulu. Que se passe-t-il ?

- Soit la machine fonctionne correctement, et vous obtenez la boisson gazeuse que vous souhaitiez ; vous pouvez assouvir votre soif. Du côté de l'école, l'enfant avance sans difficulté, il assouvit sa soif de savoir, tout va bien.
- Soit la machine fonctionne mal, et vous n'obtenez pas ce que vous souhaitiez. De plus, votre argent est perdu. Du côté de l'école, l'enfant est en difficulté scolaire, ça ne marche pas : mauvaises notes, mauvais comportements, que faire ?

Plusieurs solutions s'offrent à vous…

Solution 1 : la violence

D'un côté, on tape sur la machine pour lui faire donner ce que l'on veut qu'elle donne. Cela marche parfois, mais rarement. Et cela n'arrange pas la machine.

De l'autre, c'est la violence contre l'enfant : violences physiques, punitions, chantage ; et parfois violence contre les enseignants.

Solution 2 : la recherche d'un expert

D'un côté, on recherche un technicien, capable de réparer la machine.

De l'autre, on demande l'aide d'un expert en apprentissage : soutien scolaire, orthophoniste, psychologue, etc.

© Groupe Eyrolles

Solution 3 : la recherche d'un responsable

D'un côté, on recherche le responsable de la machine, pour pouvoir se plaindre.

De l'autre, les difficultés scolaires vont être mises sur le compte de différents responsables, selon les différents points de vue : les enseignants qui ne savent pas y faire, les parents irresponsables, la société de consommation, la télévision et les jeux vidéo, etc.

Solution 4 : l'entêtement

D'un côté, vous réessayez une seconde fois, vous remettez de l'argent dans la machine, en espérant que, cette fois-ci, ça va marcher – espoir généralement déçu.

De l'autre, vous espérez que les choses vont se réparer d'elles-mêmes chez l'enfant, qu'il aura de bonnes notes la prochaine fois, que le dysfonctionnement était passager.

Solution 5 : tenter soi-même de réparer la machine

D'un côté, on se sent compétent pour réparer, on sort sa clé de 12 et on bricole la machine pour trouver la panne et la supprimer.

De l'autre, on tente de comprendre d'où vient le problème de l'enfant, et on essaye avec toute sa bonne volonté de le résoudre.

Solution 6 : la recherche d'une autre machine

D'un côté, puisque cette machine ne fonctionne pas, vous allez en essayer une autre, en espérant que cette autre machine fonctionnera.

De l'autre, les parents changent leur enfant d'école, en espérant qu'il réussira mieux dans cette nouvelle école.

Solution 7 : le découragement

D'un côté, on laisse tomber notre soif, il n'y a pas d'autres solutions, cette fichue machine ne peut pas fonctionner.

© Groupe Eyrolles

De l'autre, ne sachant pas comment faire autrement, on abandonne l'enfant à son sort, avec toutes sortes de conséquences négatives, et tant pis pour sa soif d'apprendre, les souffrances qu'il va vivre, et les répercussions sur sa personnalité.

Question subsidiaire : peut-on traiter un enfant en difficulté scolaire comme on traite un distributeur de boissons ? On aimerait peut-être une solution plus *humaine*.

Le mur du refus

Et puis, parfois dès la maternelle, il arrive que se mette en place le *mur du refus* : l'enfant ne veut plus apprendre. Ou plutôt, il ne veut plus apprendre ce que l'on veut lui faire apprendre, ou à la manière que l'on lui impose. Que s'est-il passé ? Comment avons-nous transformé un enfant poussé par une immense fringale d'apprendre en un enfant bloqué dans son refus de continuer à apprendre ?

Bien souvent, nous le verrons au chapitre 8, ce mur du refus s'installe lorsque la manière d'apprendre préférentielle de l'enfant est trop peu – ou jamais – sollicitée, le conduisant progressivement dans une spirale d'échecs successifs. Il faudra lui proposer des alternatives et, surtout, lui conserver votre confiance de parent.

Le mur de l'ennui

Autre indicateur particulièrement net de tensions : l'ennui. Lorsqu'on apprend, on peut aimer ou détester, apprécier ou rester sceptique, s'intéresser naturellement ou faire l'effort de découvrir. Il y a là une démarche, des choix : c'est la vie, tout simplement. Mais avec l'ennui, il n'y a ni révolte salutaire ni acceptation raisonnée, il n'y a pas d'interrogation ou de remise en cause, pas d'envie d'agir, de parler ou de garder le silence : avec l'ennui, on est dans une sorte d'apathie qui englue l'esprit, avachit le corps, enfonce dans un état d'hébétude émotionnelle. Une méduse flasque échouée sur la plage...

© Groupe Eyrolles

L'ennui, c'est le *refus d'entrer en relation*, soit avec le sujet, soit avec l'enseignant et sa manière de faire. L'enfant ne remet pas en cause les règles du jeu ; il refuse le jeu lui-même.

Alors voici un combat salutaire : éradiquer l'ennui, et donner ou redonner le plaisir d'apprendre à son enfant (ou à son élève). Nous verrons cela plus en détail au chapitre 8.

Bien apprendre : une richesse pour la vie

Apprendre toute sa vie

C'est un point sur lequel tous les spécialistes s'entendent : nos enfants, encore plus que nous, devront apprendre toute leur vie, en particulier pour s'adapter à un monde du travail de plus en plus mouvant, flexible et varié. Mais, pour cela, il faut forcément « apprendre à apprendre », c'est-à-dire :

- connaître des *outils d'apprentissage généraux*, que l'on puisse utiliser dans de nombreuses circonstances d'apprentissage ;
- avoir des *stratégies d'apprentissage* adaptables aux situations rencontrées : par exemple, on peut avoir différentes stratégies de lecture en fonction du type de lecture, du besoin, du but recherché, du niveau de détails souhaité, du temps disponible, etc. ;

- développer un *sentiment de compétence*, en s'appuyant sur des succès passés lors desquels nous avions réussi des apprentissages ;

© Groupe Eyrolles

- apprendre à *bien se connaître*, à bien connaître sa manière propre d'apprendre ;
- *savoir réfléchir sur un apprentissage*, pour en tirer des leçons pour les apprentissages futurs ;
- etc.

L'idéal, bien entendu, est d'« apprendre à apprendre », et à *bien* apprendre, dès l'école et à l'école. Mais le parent peut également jouer un rôle important, en particulier en donnant l'exemple, en montrant à son enfant que l'on peut et doit apprendre toute sa vie, que c'est à la fois nécessaire et intéressant.

Le mauvais exemple de certaines formations pour adultes

Bien souvent, cependant, les formations pour adultes donnent le mauvais exemple, en copiant les éléments les plus rigides du système scolaire. Certes, il y a parfois des innovations – le cours magistral est remplacé par des présentations informatiques de type PowerPoint® –, mais, mal utilisées, elles peuvent déclencher un ennui plus mortel qu'une mauvaise conférence.

Inversement, il y a des pratiques innovantes dans le monde de la formation (comme l'emploi de jeux), dont le système scolaire pourrait tirer parti. Dans les deux cas, le but final est le même : apprendre, et si possible *bien* apprendre.

Conserver le plaisir d'apprendre

Si apprendre toute sa vie est une nécessité, apprendre *avec plaisir* est d'autant plus souhaitable. L'une des clés essentielles pour garder ce plaisir d'apprendre, nous le verrons, est la *curiosité*. Être curieux, c'est vouloir en savoir plus, c'est-à-dire : vouloir apprendre. Cela pourra aussi signifier : avoir le choix, choisir d'apprendre certaines choses plutôt que d'autres. L'enfant, à l'école, n'a en général pas d'autre choix que d'apprendre ce qu'on lui dit d'apprendre, et ce manque de choix peut tuer son plaisir à apprendre. L'adulte, sauf nécessité, ne se privera pas de cette possibilité de choix.

© Groupe Eyrolles

Et, pour éviter les quiproquos, nous verrons que l'on peut apprendre très sérieusement, en faisant des efforts considérables, *et* avec plaisir.

Bien apprendre, autrement

La nécessité de changement

Puisque l'on veut le bien de *tous* les enfants, le constat des échecs scolaires oblige forcément à remettre en cause, sans passion, le système lui-même. « Avoir plus de moyens », même si c'est une revendication commune des enseignants, n'est pas forcément la solution à tous les problèmes. Il faut qu'il y ait un changement, et un *vrai* changement.

Ce changement, à la fois minuscule et radical, peut être un *changement de regard* sur le fait d'apprendre, et ne nécessite pas de « faire du passé table rase », de tout casser ou de tout changer. Cela peut se faire en douceur, presque par mégarde. Et cela concerne les enseignants *et* les parents.

Les parents-alibis

En effet, de trop nombreux enseignants justifient des manières de faire discutables, ou un refus de changement dans leur pédagogie, en s'appuyant sur le désir, supposé ou exprimé, des parents, qui souhaitent « plus de travail à la maison », « que leur enfant soit sanctionné s'il ne réussit pas », qui veulent « des notes et des classements », etc. Il semble nécessaire de sortir de ces suppositions entre enseignants et parents, dont l'enfant est exclu.

C'est aux enseignants, en tant qu'experts en enseignement, de faire la démarche d'explication auprès des parents ; de leur montrer que l'on peut enseigner à leur enfant *autrement* que ce qu'ils ont vécu eux-mêmes étant enfants, et, finalement, pour le bien de tous : pour le bien de l'enfant qui apprend mieux et

© Groupe Eyrolles

qui a plaisir à apprendre ; pour le bien de l'enseignant qui vivra moins de tensions avec ses élèves et les verra avancer plus sereinement ; et enfin pour le bien du parent qui voit son enfant grandir et s'épanouir.

Le triangle du respect

Le respect mutuel de l'enseignant, du parent et de l'enfant est au cœur de cette vision de l'apprentissage. Ce respect, une fois mis en place, se cultive et s'entretient. Mais encore faut-il qu'il soit mis en place, ce qui n'est malheureusement pas toujours le cas : trop souvent, les parents sont considérés par les enseignants plus comme des gêneurs que comme des partenaires à part entière. C'est très regrettable.

Et au cœur de ce « triangle du respect », il y a en particulier le respect de l'enfant dans sa totalité : respect du mode de fonctionnement de son cerveau (tel qu'on le connaît mieux maintenant) lorsqu'il apprend, respect de sa manière particulière d'apprendre, respect de son corps et de ses émotions, respect de toute sa richesse intérieure et de ses talents, même non scolaires, et respect de sa personnalité en formation, qui est différente de celle de ses parents. Ce respect touchera également à son éducation, et ne doit pas être compris comme le fait de « laisser l'enfant faire n'importe quoi » : les barrières et les limites que le parent et l'enseignant mettront en place l'aideront à se structurer, et sont indispensables.

Vouloir le bien de tous les enfants

Alors, ne pourrait-on imaginer une manière d'enseigner et d'apprendre plus respectueuse et plus *naturelle*, tout simplement adaptée à l'être humain, prenant en compte son corps, ses émotions, son intellect, sa mémoire, toutes ses richesses propres, toutes ses capacités connues ou endormies ?

© Groupe Eyrolles

Prendre cette voie n'a rien d'exceptionnel ou de particulièrement difficile, car les outils nécessaires existent déjà, et la plupart d'entre eux depuis très longtemps. Comprendre pourquoi ces outils ont été oubliés, dévoyés, gauchis au fil des années et des siècles ne nous importe finalement qu'assez peu, si l'on nous donne l'occasion de les redécouvrir, de constater l'écho qu'ils renvoient en nous-mêmes, de retrouver leur force et leur puissance, de pouvoir les transmettre à nos enfants ou à nos élèves.

Comme on le voit, s'intéresser au « fait d'apprendre » peut nous conduire loin... Mais, après un moment de reflexion, entrons maintenant dans l'instant critique où, bien souvent, tout se cristallise, pour le parent comme pour l'enfant : « le travail à la maison » et « l'heure des devoirs et des leçons ».

UN MOMENT DE RÉFLEXION

Observer son enfant

Un juriste américain, très absorbé par son travail, se désolait de ne pas avoir le temps d'utiliser et de développer ses dons artistiques ; il se plaignait aussi de ne pas voir ses enfants grandir.

« Un jour, raconte-t-il, *je me suis mis à observer attentivement mes enfants jouer. Puis j'ai commencé à appliquer dans mon travail ce que j'avais ainsi découvert. Maintenant, mon métier de juriste me prend la moitié de mon temps, et pendant l'autre moitié je me consacre à mes activités artistiques. La troisième moitié, je continue à regarder mes enfants grandir... »*

Voilà un curieux renversement : apprendre à agir d'une manière plus efficace en regardant un petit enfant jouer, un petit enfant à qui l'on n'a pas encore appris à « travailler ». Pas plus qu'à « apprendre » d'ailleurs. Sans aucun doute, la facilité avec laquelle un petit enfant apprend et entre en relation avec le monde nous renseigne sur la manière de *bien* apprendre.

© Groupe Eyrolles

Socrate : la maïeutique

Socrate (Ve siècle av. J.-C.) est considéré comme le père de la philosophie occidentale, et l'un des inventeurs de la philosophie morale. Il se présente lui-même comme un grand ignorant. Il prétend qu'il ne sait rien, qu'il n'a par conséquent rien à enseigner.

Pour Socrate, l'éducation n'est pas un processus de transmission, par lequel on impose à l'élève des normes et des contenus ; c'est un processus de formation par lequel l'élève forge ses propres pensées et les justifie. L'éducateur n'est alors qu'un entraîneur. Par ses questions, il fait en sorte que la pensée de l'élève se structure par elle-même : c'est la maïeutique, « l'art d'accoucher les esprits ».

Dans un passage célèbre du *Ménon*, Platon met en scène Socrate faisant résoudre par un esclave, de cette manière, un problème de géométrie assez difficile : *si l'on double l'arête d'un cube, est-ce que le volume du cube double ?*

Et Socrate donne une valeur morale à l'apprentissage : « Apprendre, c'est devenir meilleur. »

© Groupe Eyrolles

Chapitre 2

L'incontournable « travail à la maison »

Un problème pour (presque) tous

« *Faire ses devoirs* » et « *apprendre ses leçons* » fait partie du quotidien des enfants et des adolescents. Les parents, la plupart du temps, sont impliqués dans cette activité, ou plutôt dans le contrôle de cette activité : « Fais tes devoirs ! », « Apprends tes leçons ! », « Est-ce que tu as fait tes devoirs ? » sont des phrases de routine familiale pour beaucoup d'entre eux. Et rares sont les parents qui ne sont pas confrontés, un jour ou l'autre, à ce problème : « Comment aider au mieux mes enfants dans leur travail scolaire ? »

Que fait le gouvernement ?

Il apparaît que 70 % des parents souhaitent qu'on les aide à gérer la fatigue de leurs enfants le soir à la maison, en particulier au moment de faire les devoirs. (Sondage effectué auprès de 300 parents.)

© Groupe Eyrolles

De la même manière que l'on ne nous apprend pas à être parent, on ne nous apprend pas à être « parent d'élève ». En particulier, cet aspect de la scolarité d'un enfant (faire ses devoirs et apprendre ses leçons) est peu ou pas pris en considération par le système éducatif, qui demande pourtant aux parents de jouer un rôle d'aide et de contrôle, sans vraiment leur en donner les moyens.

De plus, les parents doivent suivre à la lettre les demandes de l'enseignant sans être, en aucune manière, partie prenante de sa pédagogie. Si les parents s'étonnent ou rechignent sur tel ou tel point, rares sont les enseignants qui écoutent leur avis ou leur point de vue, ou simplement acceptent de les écouter.

Et, lorsqu'un enfant décroche à l'école, il arrive fréquemment que ses parents soient montrés du doigt comme portant la responsabilité de cet échec, et qualifiés d'irresponsables ou de laxistes.

Ce complément pédagogique confié aux parents soulève alors de nombreuses questions :

- Comment faire ?
- Comment aider mon enfant à apprendre et à comprendre ?
- Que souhaite l'enseignant ?
- Quelle durée de « travail à la maison » faut-il que j'impose à mon enfant ?
- etc.

Pour le parent, il n'est pas rare que ressurgisse également, à cette occasion, sa propre relation à sa scolarité passée, pas toujours bien vécue, déclenchant d'autres questions :

- Comment éviter à mon enfant les souffrances que j'ai subies moi-même à l'école ?
- Puis-je lui apprendre à la manière dont j'ai appris (la lecture ou la règle de trois), si la méthode de l'enseignant est différente ?
- Comment vivre et régler les relations avec l'enseignant, surtout si certains aspects de sa pédagogie me semblent peu clairs ou discutables ?
- etc.

© Groupe Eyrolles

Bien entendu, il n'y a pas de réponses simples et définitives à toutes ces questions. L'important n'est sans doute pas que l'enfant ait une bonne note à son prochain contrôle, mais que le parent et l'enfant vivent au mieux cette partie de la scolarité, en étant chacun à sa « juste place » : le parent n'est ni un enseignant bis ni un contrôleur des travaux finis ; l'enfant n'est pas un adulte en réduction, ni en train de préparer l'ENA ou Polytechnique. L'essentiel est de l'encourager d'une manière positive, de le soutenir dans les difficultés sans régler les problèmes à sa place, en lui donnant envie d'apprendre et de tirer le meilleur parti de ce qu'il découvre et vit à l'école.

Traumatisme ou période privilégiée ?

Ces moments partagés avec l'enfant peuvent être d'une grande richesse. Certaines personnes se souviendront toute leur vie avec un grand bonheur de ces moments-là, partagés avec leur mère ou leur père. D'autres n'en garderont que le souvenir de tensions. Et, dans ce cas, comment faire pour éviter d'en arriver aux cris, aux punitions, aux chantages divers, aux injures, tout cela à cause d'une simple leçon de géographie ou d'un exercice de mathématiques ?

Pourquoi ce moment est-il si souvent mal vécu ? On peut trouver de nombreuses raisons à cela :

- la fatigue de l'enfant ;
- la fatigue du parent ;
- les méthodes coercitives du parent (« Si tu ne fais pas ceci et cela, tu seras puni ») ;
- l'incompétence du parent ;
- le désintérêt de l'enfant pour ce qu'il apprend, le manque de motivation,
- etc.

© Groupe Eyrolles

Pourtant, bien vivre « l'heure des devoirs et des leçons » est d'une grande importance. Permettre aux adultes et aux enfants d'apprécier ces moments aura une influence dans l'espace comme dans le temps : une influence immédiate, lorsque les uns et les autres transmettront autour d'eux cette richesse vécue ensemble ; et une influence dans le temps, en permettant à l'enfant d'avoir une bonne relation à « l'apprendre » qu'il gardera toute sa vie, et qu'il transmettra à ses propres enfants. Inversement, ces moments, s'ils sont mal vécus, auront forcément une influence négative sur le comportement présent et futur de l'enfant comme de l'adulte.

Bonne volonté et compétence

ne vont pas forcément de pair. Une mère m'annonce : « Ma fille a de grandes difficultés en mathématiques, alors nous en avons faits ensemble pendant toutes les vacances. » Elle me montre le cahier de vacances, que je feuillette.

Tous les exercices de mathématiques faits avec l'aide de la mère sont faux.

La nécessité du « travail à la maison »

En situation d'apprentissage et à tout âge, il est rare que l'on apprenne instantanément, d'une manière durable et définitive, ce que l'on vient d'apprendre. *Comprendre* ce qui est enseigné par l'enseignant ne signifie pas l'avoir assimilé et savoir l'utiliser : il faut forcément *activer* ces nouvelles informations apprises, les *relier* avec nos connaissances passées, et les *intégrer dans la mémoire à long terme.* C'est une démarche souterraine qui permet d'acquérir vraiment ce qui vient d'être appris. Et c'est là qu'intervient le « travail à la maison ».

© Groupe Eyrolles

Il est bien entendu souhaitable que cet aspect d'*activation* et de *mémorisation* soit réalisé, pour une grande part, en classe, par l'enseignant, à travers diverses activités[1]. Mais ce n'est pas toujours le cas, et c'est souvent à l'élève, seul (s'il en est capable) ou avec l'aide d'un adulte, qu'il reviendra d'effectuer cette partie de l'apprentissage.

Se posent alors deux grandes questions :

- L'enseignant est-il certain, lorsque l'élève sort de son cours, qu'il a bien compris les points essentiels de la leçon ? Car si l'élève a mal compris ce qu'il doit ensuite « activer » lors du travail à la maison, la catastrophe est certaine : il va rigidifier des connaissances fausses, et la qualité de son « travail à la maison » sera dès le départ vouée à l'échec.
- Le parent est-il (ou se sent-il) compétent pour aider correctement son enfant à maîtriser un sujet qu'il ne connaît pas, ou mal, ou peu ? Là encore, la catastrophe peut être tragique : comment aider quelqu'un sur un sujet que l'on ne maîtrise pas ?

Dilemme

— « Maman, maman, j'ai appris aujourd'hui que 4 et 4 font 9 !

— Mais non mon chéri, 4 et 4, ça fait 8.

— Non maman, je te jure, 4 et 4 ça fait 9, c'est la maîtresse qui l'a dit ! »

Le syndrome de la répétition

L'un des principes les plus puissants et les plus répandus de la psychologie humaine est celui de la *répétition*. On agit avec nos enfants, et souvent inconsciemment, comme nos parents agissaient avec nous ; on se comporte comme ils se comportaient ; on éduque comme on a été éduqué ; on accepte ou on

1. Voir *Au bon plaisir d'apprendre* et *Former sans ennuyer*, du même auteur (en « Bibliographie et sources commentées »).

© Groupe Eyrolles

n'accepte pas ce que nos parents acceptaient ou n'acceptaient pas ; on leur fait aimer ce que l'on aime et on leur laisse ignorer ce que l'on ignore soi-même.

Cela, d'une certaine manière, est normal, car on apprend beaucoup, surtout petit, en observant et en imitant les adultes. Mais il est bon, une fois adulte, de remettre en question tous ces comportements (sans forcément juger ses propres parents), et de sortir progressivement des sentiers trop balisés – quitte à ensuite répéter les modèles parentaux, mais alors d'une manière consciente et acceptée. De la même façon, un enseignant aura toujours tendance à enseigner de la même manière qu'il a lui-même été enseigné lorsqu'il était enfant.

Contre sa nature ?

Vous détestez l'opéra ? Faites-le découvrir à votre enfant.

Vous avez toujours été nul(le) en sciences ? Amenez-le dans un musée scientifique ou offrez-lui un coffret d'émissions de vulgarisation scientifique (souvent très bien faites) qui passent à la télévision. Et profitez-en avec lui !

Les pièges à éviter et les démarches à favoriser

Dans les moments de travail à la maison, l'adulte n'a donc pas à jouer le rôle (bien déplaisant) de surveillant ou de garde-chiourme, ni celui d'un « professeur bis » pour lequel il n'est pas forcément compétent. L'un de ses rôles principaux sera de « donner sens » à la démarche d'apprentissage et aux connaissances nouvelles de l'enfant, en particulier en tirant parti de ses connaissances et de ses talents personnels d'adulte.

© Groupe Eyrolles

Il pourra également aider utilement son enfant de nombreuses autres manières, qui seront explorées tout au long de ce livre :

- l'aider à se créer des outils d'apprentissage et de mémorisation ;
- l'ouvrir, d'une manière aussi peu sélective que possible, à toutes les richesses de la connaissance humaine ;
- l'aider à réfléchir sur des problèmes complexes ;
- lui fournir un environnement physique et affectif qui le soutienne dans sa démarche d'apprentissage ;
- etc.

Les abus du « travail à la maison »

D'une manière récurrente, des études montrent les abus du « travail à la maison » demandé par les enseignants. Après avoir passé de nombreuses heures de sa journée en situation d'apprentissage, l'enfant, une fois rentré chez lui (ou à l'étude), doit à nouveau se replonger dans ses cahiers et ses livres, et parfois pour de très longs moments. Il est bon de rappeler les textes officiels : jusqu'à la fin du primaire, le travail à la maison doit être extrêmement léger. Et tout travail écrit est interdit.

> **Un proverbe chinois**
>
> **Tirer le blé pour le faire pousser plus vite n'a pour résultat que de briser la tige.**

Pourtant, fréquemment, des enseignants surchargent leurs élèves de travail à faire à la maison, contraignant à la fois :

- les enfants, en ne leur donnant peut-être pas suffisamment de temps pour faire « autre chose » que du travail scolaire ;
- et les parents, qui sont censés vérifier que ce travail est effectivement (et si possible correctement) fait.

© Groupe Eyrolles

Que disent les textes officiels ?

« Dans les écoles élémentaires, des études dirigées, d'une durée quotidienne de trente minutes, sont mises en place, dans chaque classe, pendant le temps scolaire, à la suite des séquences d'enseignement proprement dites et avant le début des activités périscolaires éventuelles. [...] Dans ces conditions, les élèves n'ont pas de devoirs écrits en dehors du temps scolaire. À la sortie de l'école, le travail donné par les maîtres aux élèves se limite à un travail oral ou des leçons à apprendre. »

Cette disposition est confirmée dans les documents d'accompagnement des programmes 2002 – Articulation école-collège : *« Dans les classes élémentaires, le travail scolaire à faire à la maison est limité : les devoirs écrits sont proscrits ; par contre, des lectures, des recherches, des éléments à mémoriser peuvent constituer le travail proposé aux élèves. Tout travail à la maison fait l'objet d'une vérification par le maître. Progressivement, les élèves de cycle 3 commencent à gérer leur travail sur la semaine... »*

La justification principale de ces enseignants est souvent : « Ce sont les parents qui réclament beaucoup de travail à la maison. » Et il est vrai que certains parents jugent la qualité d'un enseignant au volume de travail à la maison qu'il donne à ses élèves. C'est un grand quiproquo, sur différents plans :

- Un enfant peut apprendre des tas de choses et développer son intelligence en dehors des programmes scolaires et du travail scolaire, mais il faut lui en fournir l'occasion, le temps, et l'encourager à cela.
- Un enfant a besoin de vivre autre chose que des choses imposées, et en particulier celles imposées par l'école ; une surcharge de travail scolaire peut conduire l'enfant à des réactions de refus de tout travail scolaire.
- On peut expliquer aux parents l'utilité du travail à la maison (activation et mémorisation à long terme), en leur montrant que cela ne nécessite pas forcément de nombreuses heures supplémentaires de travail scolaire.
- On peut également faire prendre conscience aux enseignants, lors de leur formation fondamentale ou de leur formation permanente, que l'on peut développer les compétences et les connaissances d'un enfant autrement qu'avec

© Groupe Eyrolles

une masse d'exercices à faire à la maison, et en leur indiquant comment introduire des techniques d'activation et de mémorisation dans leurs cours.

UN MOMENT DE RÉFLEXION

Paradoxes

Nos manières d'apprendre et de transmettre un savoir sont remplies de paradoxes, pour peu que l'on accepte de prendre un certain recul par rapport à un modèle souvent indéfiniment répété.

- Pourquoi, et au nom de quoi, traitons-nous si différemment nos enfants avant l'école et lorsqu'ils entrent à l'école ?
- Pourquoi faisons-nous subir aux jeunes, avec une parfaite bonne conscience, des choses que nous refusons d'imposer au petit enfant (avant l'école) et que nous ne supporterions pas en tant qu'adulte ?
- Pourquoi les myopies sont-elles de plus en plus précoces et de plus en plus fréquentes chez les enfants, qui sont pourtant nés avec une excellente vue ?
- Comment fait-on pour transformer un enfant curieux de tout, qui apprend avec une facilité stupéfiante des choses extrêmement complexes, en un élève apathique, renâclant à apprendre et apprenant souvent mal, qu'il faut en permanence menacer, sous une forme ou une autre, et victime parfois de symptômes pathologiques qui n'inquiètent curieusement personne ?
- Pourquoi accepte-t-on si facilement de médicaliser des enfants classés comme hyperactifs ?
- D'où vient cette inversion perverse qu'il faut souffrir pour apprendre, qu'il faut se forcer pour apprendre, alors qu'apprendre est un processus naturel ?

© Groupe Eyrolles

LE COIN DES PÉDAGOGUES

Maria Montessori : la pédagogie de l'autonomie

Maria Montessori est née en 1870 en Italie. Bonne élève, ses parents la poussent à faire des études de médecine. Elle deviendra la première femme médecin d'Italie.

Contrairement à l'idée dominante dans l'éducation en ce début de xxe siècle, où l'enfant n'est considéré que comme une réduction de l'adulte, elle élabore progressivement un système pédagogique cohérent autour de principes fondamentaux : donner aux enfants un cadre sécurisant, leur permettant de retrouver le calme en eux-mêmes ; les aider à se concentrer sur des objets et à se dégager de leur tumulte intérieur pour être disponibles à des connaissances qu'ils construisent progressivement.

Mais elle a surtout mis en place les fondements d'une véritable *pédagogie de l'autonomie*, avec sa fameuse devise : *« Aide-moi à faire tout seul. »* Le maître doit être présent et actif au côté de l'enfant, mais il doit aussi lui lâcher la main pour qu'à un moment ce soit lui, l'enfant, qui fasse et qui fasse tout seul ce qu'il a décidé de faire.

Elle nous apprend à nous défier de deux dangers contradictoires lorsqu'on éduque un enfant : d'un côté, le guidage excessif qui entretient la dépendance, et, d'un autre côté, l'abandon trop rapide de l'enfant à lui-même, qui suppose que l'autonomie est déjà faite alors qu'elle reste à construire.

© Groupe Eyrolles

Chapitre 3

Comment apprend votre enfant ?

Une prise de conscience essentielle

Apprendre est un processus complexe qui fait intervenir de nombreux éléments. Lorsque l'on s'intéresse de plus près à ces éléments, on découvre que nous apprenons tous de manière différente. Et la conséquence immédiate en est : votre enfant n'apprend pas comme vous.

Si vous avez bien réussi dans votre parcours scolaire et vos études, vous aurez tendance à penser (c'est la logique de nombreux ministres de l'Éducation nationale pour faire des réformes) que ce qui a été bon pour vous sera forcément bon pour votre enfant : rien n'est moins sûr.

© Groupe Eyrolles

Si, par contre, votre parcours scolaire a relevé de la course d'obstacles avec de nombreuses chutes et des échecs répétés, c'est peut-être parce que votre manière d'apprendre ne correspondait pas aux manières de faire habituelles du système scolaire. Et maintenant, vous souhaitez sans doute éviter à votre enfant de vivre de telles épreuves. Mieux respecter son « mode préférentiel d'apprentissage » (ainsi que son « bouquet d'intelligences » dont nous parlerons au chapitre 6) est une bonne piste à creuser.

Le « mode préférentiel d'apprentissage »

Des chercheurs ont défini le « mode préférentiel d'apprentissage », c'est-à-dire un ensemble d'éléments que nous mettons en branle lorsque nous apprenons quelque chose, ou qui nous aident à apprendre. Ce « mode préférentiel d'apprentissage » varie, parfois d'une manière considérable, d'une personne à une autre. En voici les éléments principaux :

- l'environnement d'apprentissage (sous ses aspects physique, émotionnel, social et mental) ;
- les modalités d'acquisition (sensorielles et mentales) ;
- les filtres et les blocages ;
- les connecteurs et les déconnecteurs ;
- les facteurs de motivation ;
- les intelligences préférentielles.

Pour vous faire une première idée du « mode préférentiel d'apprentissage » de votre enfant, vous pouvez structurer les résultats sous la forme d'un topogramme[1], en vous aidant de l'exemple ci-dessous. Il sera également intéressant de vous intéresser à *votre* propre mode d'apprentissage, sans doute bien différent de celui de votre enfant.

© Groupe Eyrolles

1. La technique du topogramme est détaillée au chapitre 5.

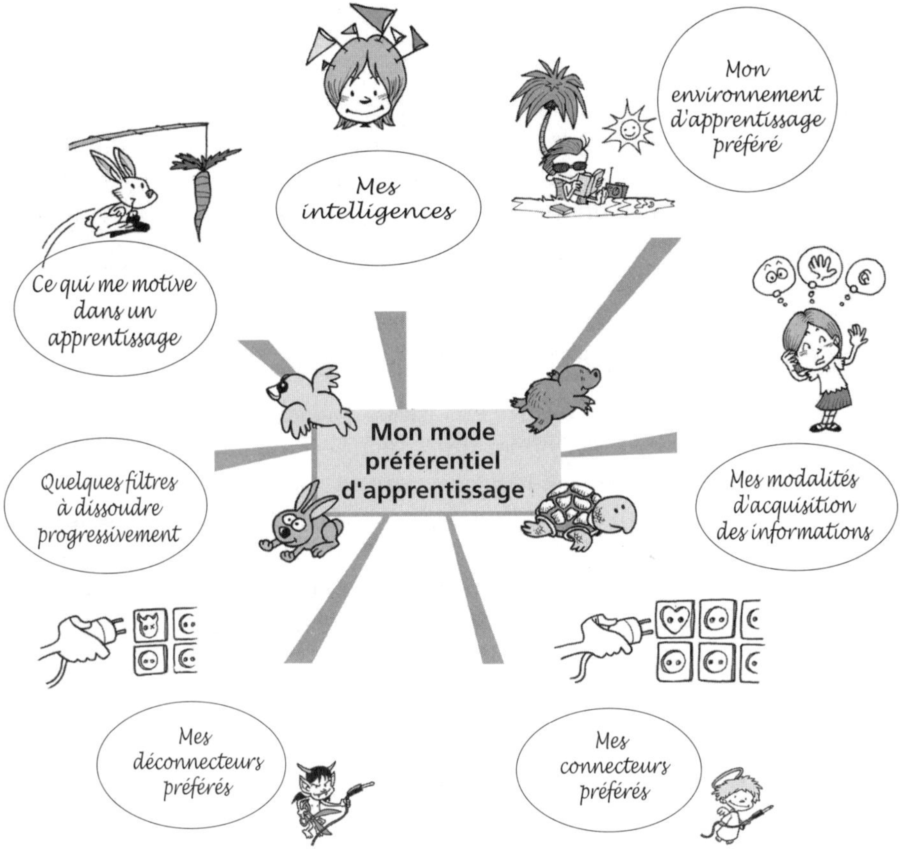

Mon environnement d'apprentissage préféré

Souvent négligé et considéré comme de peu d'importance, l'environnement d'apprentissage peut, selon une étude, participer à la réussite (ou à l'échec) d'un apprentissage pour 50 %. Dans cet environnement d'apprentissage, on distinguera :

- l'environnement physique ;
- l'environnement émotionnel ;
- l'environnement social ;
- et l'environnement mental.

© Groupe Eyrolles

Concernant votre enfant, vous pouvez par exemple cocher les trois éléments qu'il préfère dans les listes suivantes :

Environnement physique

Ce qui a pour moi de l'importance :
(préciser de quelle manière)
- la lumière
- la couleur des murs
- les meubles
- les décorations
- les fleurs, les plantes vertes
- une musique bien choisie
- un bruit en arrière-fond (radio, télévision, baladeur)
- le silence total
- des odeurs agréables
- une bonne posture
- de la nourriture, des boissons
- pouvoir bouger
- être bien relaxé, détendu
- une fenêtre avec vue sur la nature
- autres :

Environnement émotionnel

J'apprécie lorsque l'on :
- prend en compte mes angoisses et mes peurs
- me donne confiance en ma réussite
- me laisse me débrouiller
- relève mes erreurs
- relève mes réussites
- utilise volontiers l'humour et la fantaisie
- reste sérieux d'un bout à l'autre
- me permet d'aller à mon pas
- m'impose des contraintes de temps
- me stimule
- crée une atmosphère de sécurité émotionnelle
- crée une atmosphère de compétition et de stress
- me soutient dans les difficultés
- me laisse tranquille lorsque je n'y arrive pas
- autres :

Environnement social

Pour apprendre efficacement :
- je préfère apprendre seul
- je préfère apprendre avec d'autres
- je préfère apprendre avec un livre
- je préfère apprendre avec un professeur
- j'aime bien la compétition
- j'aime bien la coopération
- je développe souvent un rapport de force avec le professeur
- je préfère développer un rapport de sympathie avec le professeur
- j'aime participer, donner mon avis, poser des questions
- je préfère rester en retrait
- autres :

Environnement mental

Pour apprendre efficacement :
- j'ai besoin d'être surpris
- j'ai besoin de me sentir en confiance
- j'ai besoin de décou-vrir une seule chose à la fois
- j'ai besoin de décou-vrir plusieurs choses à la fois
- je préfère une approche linéaire, très structurée, avec des 1., 1a, 1b, 1c, 2., etc.
- j'aime les approches globales, de plusieurs points de vue à la fois
- je préfère une approche théorique, puis des exemples
- je préfère des exemples, puis la règle théorique
- j'aime les présentations avec humour, paradoxes, analogies, etc.
- j'aime les présentations très rationnelles
- j'aime patauger au début, avant qu'on m'aide
- j'aime me poser des questions sur ce que j'apprends
- autres :

Mes modalités d'acquisition préférentielles

Apprendre quelque chose, c'est d'abord et forcément *recevoir des informations*, qui vont ensuite être traitées par notre cerveau. Là encore, nous ne fonctionnons pas tous de la même manière. Repérez les modalités principales et habituelles d'acquisition de votre enfant. On distingue en général :

© Groupe Eyrolles

- Des **modalités sensorielles,** selon le modèle *visuel/auditif/kinesthésique*.
  - Les *auditifs*, dans une situation d'apprentissage, auront une préférence naturelle pour les présentations parlées (cours magistral, conférence). Ils aiment qu'on leur explique, ils préfèrent écouter une histoire plutôt que de la lire. Ils apprécient le son des mots. On peut repérer une tendance à ce mode d'acquisition lorsque la personne utilise des expressions telles que « écoute… », etc.
  - Les *visuels* préféreront apprendre dans un manuel ou dans un livre, regarderont les illustrations et les images, feront des diagrammes. Ils apprennent mieux en regardant qu'en parlant, en écoutant ou en faisant. On peut repérer une tendance à ce mode d'acquisition lorsque la personne utilise des expressions telles que « tu vois… », « regarde un peu… », etc.
  - Les *kinesthésiques* préfèrent apprendre par le mouvement, en écrivant, en faisant des gestes, en marchant, en touchant. Ils sont plus à l'aise s'il y a des activités ou un travail en groupe, si l'on peut se déplacer en apprenant. Ils préfèrent faire quelque chose plutôt que d'en parler.

Arrête de bouger !

Bien souvent, pendant l'heure des devoirs et des leçons, l'enfant bouge en permanence, se trémousse, ne tient pas en place, grimpe aux rideaux ou marche au plafond, ce qui énerve les parents, pour qui travailler est synonyme de : rester assis sur sa chaise devant un bureau ou une table.

Il peut y avoir plusieurs raisons à ce comportement : un manque d'activité physique dans la journée, ou bien l'enfant peut avoir un besoin vital de bouger pour apprendre.

Rappelons-nous qu'aucune étude sérieuse n'a prouvé qu'il faut rester assis sur une chaise, devant une table, pour apprendre.

© Groupe Eyrolles

- Des **modalités mentales.** On considère également que nous acquérons l'information avec certaines modalités mentales, selon le modèle *hémisphère gauche – hémisphère droit* qui sera détaillé au prochain chapitre :
  - Les individus dotés d'un « *hémisphère gauche dominant* » préfèrent plutôt les processus linéaires, clairs, bien organisés, qui suivent une logique précise. Ils deviennent mal à l'aise et anxieux lorsque les choses ne se déroulent pas comme prévu. Pour développer leurs compétences « hémisphère droit », on peut leur proposer d'utiliser davantage leur intuition, de visualiser l'ensemble d'un processus, de se détendre pour mieux accepter l'imprévu.
  - Les individus dotés d'un « *hémisphère droit dominant* » préfèrent les vues d'ensemble, les approches globales. Ils sont sensibles aux couleurs et aux aspects artistiques. Ils manquent souvent d'organisation, et ont du mal à donner une hiérarchie à leurs idées. Ils peuvent éprouver des difficultés à traduire en mots (forcément d'une manière linéaire) une situation qu'ils perçoivent globalement. Développer leurs compétences « hémisphère gauche » est pour eux une nécessité s'ils souhaitent pouvoir traduire leur pensée en mots.

Utiliser une palette riche

Il peut être intéressant d'identifier chez l'enfant telle ou telle dominance dans telle ou telle modalité. Mais il est souvent plus judicieux de s'adresser conjointement à plusieurs modalités par des techniques et des actions adaptées.

Mes blocages et filtres personnels

Nous avons tous des blocages et des filtres, émotionnels ou mentaux, qui nous font accepter ou refuser de faire ou d'apprendre telle ou telle chose. Ces filtres sont souvent liés à des facteurs anciens remontant à l'enfance, et parfois à des traumatismes difficiles à surmonter.

© Groupe Eyrolles

Face à ces filtres, là où l'adulte pourra refuser d'apprendre quelque chose, l'enfant, lui, n'aura souvent pas le choix. Il est donc intéressant et utile de faire prendre conscience à son enfant de certains de ses filtres ; cela lui permettra de les mettre à distance, et de moins en subir les conséquences négatives.

Voici ci-dessous un tableau à remplir, à adapter selon votre enfant. Vous pouvez également remplir pour vous-même un tableau du même genre : en prenant conscience de vos blocages et filtres personnels, vous serez mieux à même d'aider votre enfant à surmonter les siens.

La première partie du tableau propose des apprentissages, et les divers filtres que l'on peut rencontrer face à ces apprentissages. La seconde partie propose une démarche inverse : rechercher des apprentissages selon la force du filtre ou du blocage.

Forces du filtre / Apprentissages	À aucun prix, parce que…	Sûrement pas, parce que…	S'il le fallait vraiment, parce que…/si…	Peut-être, parce que…/si…	Dès que possible, parce que…
Visiter un musée scientifique					
Élever des serpents					
Participer à un tournoi de calcul mental					
Écrire un poème					
Fabriquer une maquette					
Réaliser une tapisserie					
Chanter en public					
Dessiner un cheval					

© Groupe Eyrolles

Mes connecteurs et déconnecteurs

Les « connecteurs » sont les éléments qui permettent de bien entrer dans un apprentissage. Les « déconnecteurs » sont les éléments qui empêchent ou freinent l'entrée dans un apprentissage. La déconnexion peut être passagère, ou solidement ancrée. Voici quelques signes de déconnexion que l'on peut repérer chez un enfant :

- un sentiment de confusion ;
- une hyperactivité ;
- une difficulté à se concentrer ;
- un ennui récurrent ;
- une sensibilité au stress, une crainte irraisonnée ;
- des difficultés à comprendre et à mémoriser ;
- un comportement social difficile ;
- une difficulté à communiquer ;
- des mouvements peu gracieux, mal équilibrés, mal contrôlés ;
- un manque d'énergie ;
- une somnolence fréquente ;
- un manque chronique de motivation.

Recherchez, en vous aidant des listes suivantes, les déconnecteurs habituels et les connecteurs préférés de votre enfant.

Éléments pouvant favoriser une déconnexion

Des manques :

- d'oxygène (atmosphère enfumée ou mal ventilée) ;
- d'eau pure ;
- de nourriture adaptée et équilibrée ;
- de sommeil régulier ;
- d'exercice et de mouvement.

Des excès :

- repas trop copieux ou mal équilibrés ;

© Groupe Eyrolles

- abus de sucre, de sucreries, de boissons sucrées ;
- certaines substances : café, tabac, alcool, autres drogues.

L'environnement :

- le bruit ;
- l'écoute de certaines musiques ;
- l'éclairage au néon ;
- certaines couleurs ;
- un siège inconfortable ;
- le stress physique et émotionnel ;
- la pression extérieure : volonté des parents/de l'enseignant, délais très courts, etc.

Éléments pouvant favoriser une connexion

- Boire régulièrement de l'eau pure[1] ;
- Respirer de l'air pur ;
- Manger une nourriture saine, variée et équilibrée ;
- Faire régulièrement quelques mouvements simples et des étirements ;
- Faire des exercices de relaxation ;
- Des couleurs plaisantes ;
- Un sommeil régulier et suffisant ;
- Un environnement (physique, émotionnel, social) de qualité ;
- Des exercices de respiration ;
- De bonnes odeurs ;
- Un éclairage naturel, ou « plein spectre » ;
- Des structures temporelles régulières, des rites ;
- etc.

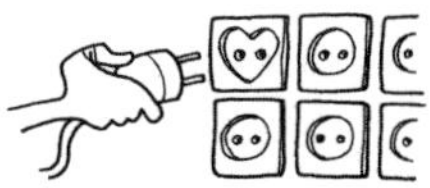

1. Pourquoi de « l'eau pure » ? D'abord parce que notre cerveau a un grand besoin d'eau pour bien fonctionner ; et que l'eau « pure » ne déclenche pas de phénomène de digestion, donc ne soustrait pas de l'énergie sanguine au cerveau.

© Groupe Eyrolles

Mes facteurs de motivation

La motivation pour apprendre est un sujet souvent évoqué par les parents ou les enseignants, mais pas toujours facile à cerner, avec cette question récurrente : « Comment créer et entretenir cette motivation à apprendre chez mon enfant ? » Nous y reviendrons plus longuement au chapitre 10.

Voici ci-dessous quelques premiers éléments qui peuvent favoriser la motivation à l'école. Repérez ceux qu'apprécie votre enfant (et éventuellement ceux qui vous ont particulièrement motivé lorsque vous étiez élève).

L'enseignant :

- est disponible en dehors des cours ;
- présente des applications pratiques à des cas réels ;
- manifeste de l'enthousiasme pour sa matière ;
- donne de nombreux exemples ;
- exprime son point de vue personnel et ne craint pas la discussion ;
- rend le début facile ;
- développe et encourage la curiosité de l'enfant ;

- souligne, chaque fois qu'il le peut, la contribution des élèves ;
- varie constamment ses intonations durant ses exposés ;
- présente son plan au début de chaque cours ;
- connaît le nom de ses élèves ;
- a recours à une variété de médias ;
- encourage les élèves à répondre entre eux aux questions qu'il pose ;

- se déplace à travers la classe ;
- reconnaît que les élèves n'apprennent pas tous de la même manière ;
- favorise le travail en équipe ;
- fixe les dates limites de manière raisonnable ;
- présente les nouvelles informations de manières variées et parfois inusuelles ;
- introduit des rituels positifs dans le processus d'apprentissage ;
- s'assure de la bonne connaissance des informations avant de faire un test ;

- évite les récompenses à court terme et les punitions ;
- raconte des histoires passionnantes sur le sujet étudié ;
- établit un bas niveau de stress dans la classe ;
- reprend régulièrement tout ce qui a déjà été appris ;
- fait entrer le « monde extérieur » dans la classe sous des formes variées ;
- ne rejette jamais ce que dit l'élève ;
- donne l'occasion à l'élève de partager ses succès et ses découvertes ;

© Groupe Eyrolles

- insiste sur la recherche de la qualité et de la compréhension profonde ;
- sait sourire, et a de l'humour à bon escient ;
- donne plus d'importance aux buts d'apprentissage qu'à la mesure des performances ;
- donne un coup de téléphone ou envoie un message à l'élève en cas de difficulté particulière ;
- utilise de la musique (bien choisie) pour éveiller l'attention, la curiosité ;
- incite régulièrement l'élève à se poser des questions ;

- s'assure de la bonne compréhension des élèves avant de donner des devoirs à la maison ;
- rend fascinant le sujet étudié ;
- crée une atmosphère de sécurité émotionnelle autour de l'élève ;
- soigne la qualité des relations entre les élèves ;
- reconnaît le travail accompli même si les résultats notés ne reflètent pas ce travail ;
- propose des citations positives ;

- insuffle de l'émotion dans l'apprentissage, en particulier en utilisant les arts ;
- propose des buts vraiment intéressants ;
- donne aux parents leur juste place dans le processus d'apprentissage ;
- prend du temps pour connaître et apprécier le monde propre de l'élève ;
- fait participer ses élèves à l'élaboration du processus d'apprentissage ;
- affiche sur les murs, d'une manière ou d'une autre, les progrès réalisés ;
- exprime clairement les buts à atteindre ;

- crée un système de soutien efficace si nécessaire ;
- accepte les questions concernant le sens de l'apprentissage : « À quoi ça sert ? » ;
- sait faire évoluer positivement les conflits ;
- crée des occasions où les compétences non scolaires de l'enfant sont reconnues ;
- conçoit les tests et les contrôles comme des aides à l'apprentissage et non comme des sanctions ;
- reconnaît que les élèves n'apprennent pas tous à la même vitesse ;
- forme les élèves à évaluer eux-mêmes leurs compétences ;
- etc.

Mes « intelligences » préférentielles

Nous découvrirons, au chapitre 6, cette intéressante vision de l'intelligence que l'on appelle les « intelligences multiples ». Selon cette approche, nous avons tous un « bouquet d'intelligences », avec des intelligences fortes (c'est-à-dire avec lesquel-

© Groupe Eyrolles

les nous sommes à l'aise), et d'autres intelligences moins développées ou endormies. Pouvoir s'appuyer sur ses intelligences fortes lorsqu'on apprend – quand cela est possible ou encouragé – est un gage de réussite.

Que se passe-t-il lorsque le « mode préférentiel d'apprentissage » n'est pas reconnu ?

Ne pas (ou trop rarement) reconnaître le « mode préférentiel d'apprentissage » d'un enfant peut faire de sérieux ravages sur le développement de sa personnalité et sur sa réussite scolaire. Citons quelques conséquences possibles :

- le sentiment permanent d'être incompris ;
- la perte de la confiance en soi et en ses capacités ;
- des échecs à répétition ;
- des relations difficiles avec ses parents et ses professeurs, en particulier lorsque son « mode préférentiel d'apprentissage » est très différent des leurs ;
- l'entrée dans des cycles infernaux de répressions/punitions/rancœurs/démotivation ;
- un stress permanent pour tout ce qui est lié à l'école et à la vie scolaire ;
- des maladies psychosomatiques à répétition ;
- des comportements violents, agressifs, négatifs, de fuite ;
- l'usage de drogues.

Bien entendu, prendre conscience du « mode préférentiel d'apprentissage » d'un enfant ne signifie pas qu'il faille en permanence s'y attacher – ce qui serait d'ailleurs impossible à l'école, compte tenu de l'immense diversité des enfants. Mais permettre à l'enfant, lorsque cela est possible, d'apprendre « à sa manière » peut lui donner confiance et motivation. Cela peut se faire, parfois, à l'école, et – également – à la maison.

© Groupe Eyrolles

Petit enfant et adulte : une conception radicalement différente de la manière d'apprendre

Le petit enfant et l'adulte ont une conception radicalement différente de « l'apprendre ». Par exemple, pour l'adulte :

- apprendre est quelque chose de sérieux, que l'on ne peut en rien assimiler à un jeu – tandis que le petit enfant apprend essentiellement par le jeu ;
- apprendre est un processus souvent pénible et difficile, qui demande des efforts constants et soutenus – tandis que le petit enfant apprend des choses d'une très grande complexité sans effort volontaire ;
- apprendre n'a pas grand-chose à voir avec l'environnement physique, affectif et émotionnel de l'apprenant – mais accepteriez-vous de mettre votre petit enfant dans une crèche aux murs uniformément gris, sans chaleur humaine, sans sourire ? ;
- apprendre nécessite d'écouter un professeur qui a la connaissance et connaît la bonne manière d'expliquer – tandis que le petit enfant est particulièrement rétif à ce mode de transmission lorsqu'il est imposé ;
- c'est en critiquant, en relevant les fautes et les erreurs que l'on transmet ce qui est correct – tandis que c'est essentiellement par un processus d'essais et d'erreurs que le petit enfant apprend : par exemple, lorsqu'il essaye de se mettre debout pour marcher (apprentissage particulièrement complexe), pouvez-vous vous imaginer lui donner une claque pour le punir d'être retombé ?

Devant de telles différences, on peut se poser certaines questions :

- Pourquoi imposer à l'enfant (essentiellement à travers l'école) une manière radicalement différente d'apprendre de celle qui lui est naturelle ? Y a-t-il des nécessités à cela ? Et si oui, sont-elles absolument justifiées ? Quelles en sont les conséquences à long terme pour le développement de la personnalité ?
- Est-il intéressant – et possible – de retrouver les caractéristiques de la manière dont le petit enfant apprend, et de les adapter à un système scolaire et à notre manière adulte d'apprendre ?

© Groupe Eyrolles

Robert Owen : construire son destin

Robert Owen (1771-1858) est un entrepreneur gallois à la stupéfiante réussite industrielle dans le milieu de la filature. Il améliore remarquablement la condition de vie des ouvriers, et s'intéresse tout particulièrement à la qualité de l'enseignement des enfants. Il fonde en 1816 une « école-laboratoire » de près de 800 élèves, pour laquelle il choisit des professeurs qui sauront éveiller la curiosité des enfants et éviter les manières traditionnelles d'instruction.

Pour lui, les maîtres doivent être les meilleurs : cultivés, ouverts, disponibles, doux, indulgents. L'autodiscipline est préférée à la discipline, comme le plaisir d'apprendre à la contrainte. De nombreuses personnalités de l'époque viendront visiter son école, unique en son genre.

Robert Owen est persuadé que l'éducation libère l'individu des contraintes que la vie sociale et les conditions de travail imposent. Grâce à l'école, l'individu prend en main son destin et se construit.

© Groupe Eyrolles

Chapitre 4

Apprendre à son enfant comment fonctionne le cerveau

Le cerveau est d'une complexité inouïe, et fait actuellement l'objet d'innombrables recherches. Il n'est pas question, bien entendu, de vouloir en avoir une connaissance de spécialiste. Cependant, on peut tirer de ces connaissances sur le cerveau quelques règles pratiques pour bien apprendre.

Deux théories intéressantes sur le cerveau

La théorie de Roger Sperry : cerveau droit et cerveau gauche

Après avoir eu son heure de gloire[1], avoir été beaucoup utilisée – et beaucoup déformée –, cette théorie a montré ses limites, mais reste un outil pratique pour mieux utiliser les deux hémisphères cérébraux.

1. Roger Sperry a reçu le prix Nobel de médecine en 1981 pour ses recherches.

© Groupe Eyrolles

Rappelons que les *fonctions* des deux hémisphères cérébraux sont différentes :

- *L'hémisphère gauche* a principalement à voir avec le langage, les processus mathématiques, la pensée logique et séquentielle, l'analyse.
- *L'hémisphère droit* est surtout concerné par les images visuelles, les formes en trois dimensions, la musique, la reconnaissance des couleurs, et utilise un système de fonctionnement global.

Selon l'image connue : l'un voit l'arbre, l'autre la forêt.

On sait également que chaque hémisphère nous donne une *vision du monde différente*. Ces deux visions du monde cohabitent en chacun de nous. On peut s'en rendre compte lorsqu'il y a conflit entre les deux, par exemple lorsque le langage verbal et le langage non verbal sont en contradiction. Chez l'enfant comme chez l'adulte, ces « coupures psychologiques » entre les deux hémisphères peuvent déclencher des comportements très brutaux, des formes extrêmes de violence et mener jusqu'à la folie.

Il est souhaitable, bien entendu, d'établir une bonne *liaison* entre les deux hémisphères, de les faire travailler de manière combinée et harmonieuse, en utilisant leurs différentes capacités. Des activités particulières, intellectuelles ou physiques, permettent de mieux relier les deux hémisphères, par exemple :

- des mouvements croisés ;
- l'utilisation du topogramme[1] ;
- l'écoute de certaines musiques.

1. La technique du topogramme est détaillée au chapitre 5.

© Groupe Eyrolles

Mouvements croisés

Pour créer cette connexion optimale, on peut se servir du fait que chaque hémisphère cérébral commande la partie opposée du corps : l'hémisphère gauche commande le bras droit, l'œil droit, l'oreille droite, etc., et inversement. En faisant des mouvements mettant en œuvre simultanément des parties gauches et des parties droites du corps, on aide cette connexion cérébrale à s'établir.

Les deux hémisphères et l'enseignement

L'enseignement classique a été très critiqué comme reléguant les activités de l'hémisphère droit (comme la musique et les arts graphiques) à un rôle annexe et souvent méprisé. Pourtant, les (rares) écoles qui font une large place à ces activités ont constaté que le niveau des élèves s'améliorait *dans toutes les matières*. En effet, si les hémisphères sont spécialisés, ils ne sont pas pour autant isolés, et faire marcher harmonieusement les deux ensemble permet un apprentissage de bien meilleure qualité, quels que soient la matière ou le sujet étudiés.

Les deux hémisphères et la mémoire

On a longtemps considéré la mémoire comme une vaste zone de stockage où les souvenirs seraient rangés en ordre, d'une manière logique, linéaire, comme dans une bibliothèque. Cette idée sous-tend toujours notre système éducatif. Dans cette manière de mémoriser, les capacités plus subjectives, globales et émotionnelles de l'hémisphère droit sont négligées, et souvent découragées.

Or, ironie du sort, l'hémisphère gauche, particulièrement sollicité à l'école, a très peu de capacités de mémorisation ; il parvient à mémoriser essentiellement par rabâchage. Le champion de la mémorisation, c'est l'hémisphère droit, qui encode l'information à sa manière non verbale, et la relie à des émotions et à des paramètres « sensuels » (comme le rythme, les couleurs, la forme). C'est le processus de création des souvenirs que nous gardons en mémoire, même lorsqu'ils sont très anciens.

© Groupe Eyrolles

D'une manière générale, on pourra particulièrement s'attacher aux points suivants :

- *créer un environnement riche et varié*, qui permette au cerveau d'utiliser les capacités des deux hémisphères ;
- *favoriser une approche globale* autant qu'une *approche analytique* ;
- *favoriser les paramètres « sensuels »*, imagés et émotionnels, pour mieux mémoriser ;
- *éviter les comportements contradictoires* et le double langage.

Musique et connexion cérébrale

La revue anglaise *Nature*, bien connue pour son sérieux, a publié les résultats d'une curieuse expérience américaine menée au Centre de neurobiologie pour l'apprentissage et la mémoire. On a fait passer à 36 élèves de collège des tests d'intelligence, avant puis après l'une des trois activités suivantes choisie dans un ordre aléatoire :

- écoute d'une sonate de Mozart (il s'agissait de la *Sonate pour deux pianos en ré majeur*) ;
- écoute d'une cassette de relaxation ;
- ou attente en silence pendant dix minutes.

Les résultats de tous les élèves ont été meilleurs après l'écoute de Mozart, augmentant jusqu'à 9 points. Cette amélioration est passagère, et se dissipe environ quinze minutes après.

Les chercheurs ont ainsi constaté que la musique classique peut améliorer la faculté de raisonnement abstrait (celle en particulier utilisée dans les mathématiques, ou le jeu d'échecs) en renforçant certaines connexions entre diverses parties du cerveau. Ils pensent que c'est la *complexité* de la musique (au sens de : très élaborée) qui est la clé de ce résultat. D'autres musiques, comme la musique rock ou la musique d'ambiance, souvent très pauvres harmoniquement, peuvent au contraire gêner le raisonnement abstrait.

« La musique de Mozart correspond à une structure très profonde du cerveau. Mozart a exprimé un cerveau, celui de tous les hommes, la copie de ce qu'il y a dedans. » (Henri Laborit, dans une entrevue télévisée)

© Groupe Eyrolles

La théorie de Paul MacLean : les trois cerveaux (ou cerveau « trine »)

Selon cette théorie, le cerveau s'est développé par couches successives, répondant ainsi progressivement aux besoins de l'évolution de l'homme : d'abord de purs instincts (*cerveau reptilien/archaïque*), puis l'acquisition de réponses émotionnelles contrôlées (*système limbique*), et enfin le développement incroyablement complexe du cortex cérébral (*néocortex*). Ces trois cerveaux cohabitent toujours en nous.

Le cerveau archaïque/reptilien

Ce cerveau contrôle toutes les conduites instinctuelles, telles que : la hiérarchie sociale et territoriale, les comportements de séduction et d'accouplement, les rituels, la nidification, les réactions de survie, la défense des petits, la défense du territoire, l'instinct grégaire, le jeu, l'agressivité. La plupart des comportements du cerveau reptilien sont automatiques et rituels, et ont une très forte résistance au changement. Les deux modes essentiels de fonctionnement de ce cerveau sont l'*agressivité* ou la *fuite*.

C'est ce cerveau qui prend les commandes dans les réactions de survie : lorsque nous percevons une menace (réelle ou supposée), l'ensemble de notre cerveau « bascule » vers ce cerveau archaïque, qui est le plus rapide, le plus à même de gérer la situation, mais qui mémorise très mal.

L'utilisation d'une manière prédominante de ce cerveau conduit à des conduites elles-mêmes archaïques : comportements agressifs, attachement à ce qui est parfaitement connu, comportements stéréotypés. Lorsque, par exemple, un parent défend d'une manière agressive son enfant, le cerveau archaïque est prédominant.

© Groupe Eyrolles

Le système limbique

Il est le régulateur du manger, boire et dormir, de la marche, de la température du corps, des équilibres chimiques tels celui du sucre dans le sang, du rythme du cœur, des hormones, etc. Fortement impliqué dans le plaisir, la sexualité, la douleur, la motivation vers des buts, c'est le lieu privilégié des *émotions*. Il joue un rôle essentiel dans la mémorisation à long terme.

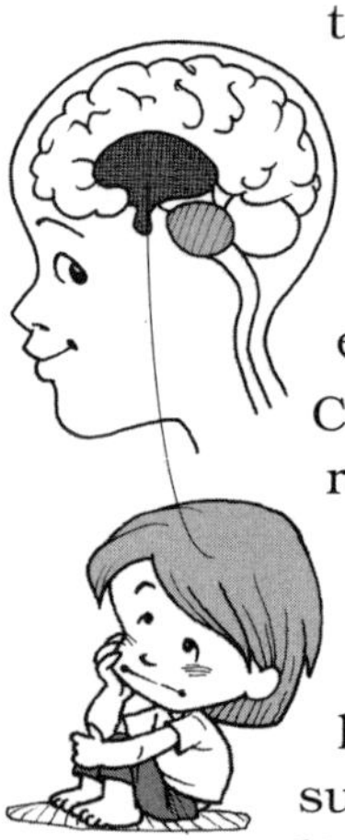

Ce cerveau semble jouer un rôle particulièrement important de *poste de contrôle*, de filtre et de *disjoncteur*. C'est lui qui peut bloquer une information (montante ou descendante) si l'environnement lui paraît menaçant, l'atmosphère déplaisante, si un choc affectif survient, ou si une image mentale trop forte est déclenchée.

Le néocortex

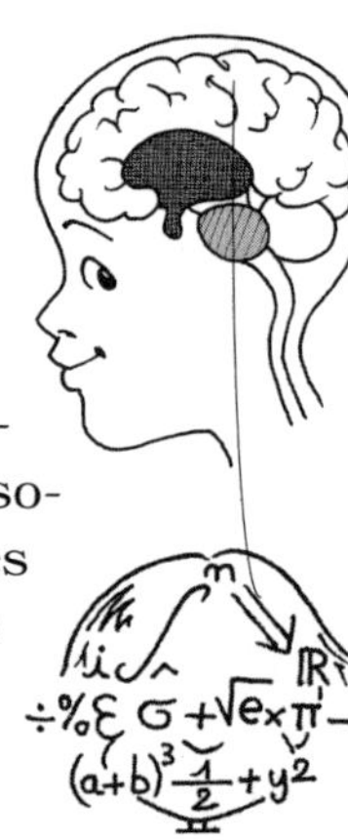

C'est la partie la plus jeune et la plus complexe de notre cerveau, qui n'existe que depuis quelques millions d'années. Il remplit la calotte crânienne autour des deux précédents.

C'est le siège du contrôle volontaire des mouvements, et de tous les processus de pensée, de résolution de problèmes, de reconnaissance des formes, de production de symboles et d'activités complexes comme la lecture, l'écriture, l'arithmétique, etc. C'est le lieu de l'apprentissage intellectuel.

Le cerveau « trine » dans la vie courante et à l'école

Afin de mieux intégrer le concept du cerveau « trine », prenez un instant pour réfléchir aux situations suivantes et pour déterminer lesquels des trois cerveaux sont prépondérants. Complétez le tableau ci-dessous avec : un peu, beaucoup, pas du tout, ça dépend.

© Groupe Eyrolles

Activité \ Cerveau utilisé	Cerveau archaïque/ reptilien	Système limbique	Néocortex
Conduire une voiture			
Acheter une maison			
Participer à une réunion politique			
Acheter une paire de chaussures			
Recevoir sa belle-mère à déjeuner			
Assister à une cérémonie religieuse			
Assister à un match de foot			
Jouer aux échecs			
Être présent à une réunion parents/professeurs			
Parent : le premier jour d'école de votre enfant			
Élève : une interrogation-surprise			

Les besoins du cerveau pour bien apprendre

Autant il est courant d'entendre parler de régime pour préparer son corps à une compétition sportive ou pour être beau et bien bronzé pour l'été, autant il est moins courant de s'intéresser à ce qui peut faire du bien à notre cerveau, en particulier dans une démarche d'apprentissage. Pourtant, le cerveau de votre enfant (tout comme le vôtre) a de nombreux besoins spécifiques.

© Groupe Eyrolles

Des besoins physiques/biologiques

- *Une nourriture saine, variée et équilibrée.* Un régime à base de Coca, de chips et de hamburgers n'est pas recommandé pour le cerveau. Autant que possible, favorisez l'eau pure, et évitez les abus de sucre (boissons, friandises, etc.).
- *Du repos et des rythmes réguliers de repos :* sommeil, détente. En particulier, le cerveau a besoin de moments de « non-travail » et de « non-activité » pour *incuber* les nouvelles connaissances acquises, c'est-à-dire pour les structurer et les mettre en place. C'est un processus inconscient, qui ne nécessite rien de particulier, sinon du repos.
- *De l'air pur et du mouvement*, pour favoriser une bonne oxygénation du cerveau.
- *Un environnement physique de qualité.*
- *Un corps en bonne santé* (*Mens sana in corpore sano* : « un esprit sain dans un corps sain », comme le préconisaient les Anciens).
- *Une bonne posture*, une bonne assise.
- *Savoir se concentrer et se détendre rapidement :* de nombreux exercices simples existent pour cela (relaxation, respiration, visualisation, etc. : voir chapitre 11), et vous pouvez les faire avec votre enfant.

Des besoins psychologiques et émotionnels

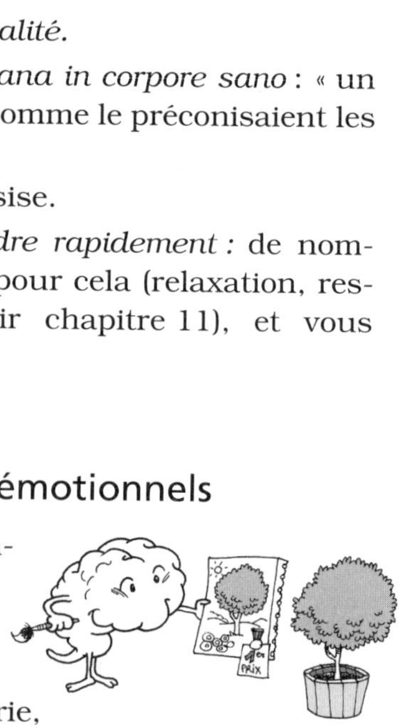

- Pratiquer l'humour, sous différentes formes.
- Avoir des occasions de libérer sa créativité.
- Ne pas être l'objet de moquerie, mépris, menaces, chantage, violence, etc.

© Groupe Eyrolles

- Satisfaire le besoin d'art, de beauté.
- Recevoir de l'affection, du respect.
- Ne pas être coupé de la nature.
- Être en sécurité émotionnelle, que la personnalité ne soit pas mise en jeu.
- Ne pas être jugé.
- Ne pas subir de double langage.
- Ne pas subir de stress inutile.
- Pouvoir parler, être écouté.

Des besoins mentaux

- Pouvoir créer ses propres structures mentales.
- Avoir suffisamment de « points d'ancrage » sur ce que l'on fait et apprend.
- Avoir régulièrement une vue globale de ce que l'on fait et apprend.
- Avoir des occasions de se poser des questions, plutôt que d'attendre des réponses.
- Être stimulé, sans surstimulation.
- Pouvoir développer sa curiosité.
- Découvrir des approches variées sur ce que l'on fait et apprend.
- Faire des jeux stimulants.

Des besoins sociaux

- Que les échanges soient favorisés.
- Que les échanges soient riches et variés.
- Pratiquer le travail et l'étude en coopération.

© Groupe Eyrolles

Un apprentissage compatible avec le fonctionnement du cerveau

Les recherches actuelles sur les modes de fonctionnement du cerveau conduisent à cette idée que la plupart des environnements d'apprentissage ne favorisent pas un fonctionnement naturel et optimal du cerveau. Il semblerait, par exemple, que le cerveau déteste le linéaire, les structures imposées, le « toujours pareil », le manque d'humour, d'ambiguïtés, d'ouverture, le manque de créativité, la passivité dans l'apprentissage, les formes de transmission mal adaptées au mode préférentiel d'apprentissage, et bien d'autres choses. Du coup, il se bloque, il boude, il s'ennuie et le fait savoir au reste du monde. Et on lui demande alors de « faire des efforts ».

En particulier, le cerveau participe mieux lorsque l'enfant apprend en faisant. Imaginez que vous ayez appris à faire du vélo en suivant d'abord des cours (compliqués) de mécanique, puis des cours de code de la route, des cours de géographie sur votre environnement proche, des cours de premiers secours, des formations à la motivation pour surmonter les échecs, etc., puis qu'ensuite seulement vous ayez pu commencer à monter sur un vélo... C'est pourtant ce genre de démarche qui est souvent privilégiée dans un apprentissage scolaire.

Quatre ennemis majeurs du cerveau sont à éviter lorsque l'on apprend : la menace, l'excès de stress, l'anxiété, et le « je n'y arriverai pas ». Confronté à ces ennemis, le cerveau perd ses moyens et risque de tomber dans des comportements archaïques ou stéréotypés, qui peuvent réduire considérablement la qualité de l'apprentissage, diminuer la créativité et la mémorisation. Ces quatre ennemis peuvent prendre des formes très variées. Voici quelques moyens d'en réduire leur force :

- À l'école, éviter toute menace comme : interrogations écrites surprises, menace de zéro ou de colles, mise en difficulté émotionnelle d'un élève (comme obligation d'aller au tableau), etc.
- Créer une atmosphère d'apprentissage où les erreurs font partie de la démarche d'apprendre.
- Permettre aux enfants de « changer d'état » lorsqu'une activité précédente les a énervés, déprimés, agacés : on pourra leur proposer une discussion, un exercice simple de respira-

© Groupe Eyrolles

tion ou de « yoga à l'école » (voir chapitre 11), mettre de la musique bien choisie, etc.

- Le « Mais si, je suis sûr que tu y arriveras » est à manier avec précaution. Un soutien discret et respectueux sera souvent mieux vécu par un enfant qui traverse une phase difficile que des encouragements verbaux maladroits. Il est important de prendre conscience qu'une réaction de type « je n'y arriverai pas » a souvent son origine dans un traumatisme plus ou moins ancien, qu'il peut être bon de retrouver et de faire verbaliser par l'enfant.

LE COIN DES PÉDAGOGUES

Don Bosco : la prévention plutôt que la répression

Don Bosco (1815-1888) est un prêtre italien qui a voué sa vie à l'éducation des jeunes enfants de milieux défavorisés. Sa pédagogie est fondée sur la bienveillance. C'est une démarche éducative dont l'objectif est de conduire le jeune à quitter l'enfance pour devenir adulte. Patron de la jeunesse, des apprentis et des jeunes travailleurs, il défend une éducation de la joie, réunissant confiance, vigilance et prévention.

Deux méthodes ont toujours été en usage dans l'éducation des jeunes. Il y a d'abord la méthode *répressive*, qui consiste à punir les enfants qui ne suivent pas les règles fixées par l'adulte : on instaure les règles, et on surveille les enfants pour découvrir les délinquants et leur infliger, quand il y a lieu, le châtiment qu'ils ont mérité.

Toute différente est la méthode *préventive*, qui consiste à faire connaître à l'enfant et aux jeunes les règles d'une institution et à les aider à les respecter. *« Ne tardez pas à vous occuper des jeunes,* disait don Bosco, *sinon ils ne vont pas tarder à s'occuper de vous ! »*

Ceux qui se réclament de don Bosco développent une approche globale, sans séparer la rue, l'école et la famille, mais en avançant sur les trois terrains, de manière coordonnée.

L'école publique aurait sans doute intérêt à s'inspirer de la pédagogie de don Bosco, parce qu'elle est adaptée aux grandes difficultés de l'école d'aujourd'hui, qu'il s'agisse de l'autorité ou de l'apprentissage du « vivre ensemble ».

© Groupe Eyrolles

Chapitre 5

Structurer sa pensée

L'importance de créer sa propre structure mentale

Savoir structurer sa pensée, savoir relier ce que l'on apprend à des connaissances antérieures, être capable de présenter à d'autres d'une manière claire et intelligible sa pensée, ses idées : voilà quelques capacités essentielles à développer chez l'enfant. Cela prend du temps, de la patience, et également nécessite un effort pédagogique adapté, de la part des enseignants comme des parents. Plus tard, devenue adulte, la personne sera reconnue pour la clarté de sa pensée, ou bien pénalisée par son esprit brouillon.

© Groupe Eyrolles

Pour structurer convenablement l'esprit d'un enfant, on admet généralement qu'il faut lui imposer la structure mentale de l'adulte, c'est-à-dire, le plus souvent, celle de l'enseignant. Mais rien ne certifie que cette démarche soit la meilleure. L'idéal semble plutôt d'aider l'enfant à créer progressivement sa *propre structure mentale* – avec des précautions bien entendu.

Les inconvénients d'un apprentissage trop structuré

À l'école, les nouvelles connaissances sont en général présentées à l'enfant d'une manière très structurée. Les connaissances que présente l'enseignant (parfois le fruit d'une longue et tortueuse évolution, comme en mathématiques ou en physique) sont souvent imposées comme un « savoir absolu », inamovible, que l'élève doit apprendre tel quel, dans le fond (ce qui est normal), mais également dans la forme, celle de l'enseignant ou du manuel – ce qui est discutable. Ce type de présentation très structurée est souvent considéré, pédagogiquement, comme le meilleur, pour éviter toute confusion dans l'esprit de l'élève.

En fait, cette structure imposée à l'enfant n'est pas une structure nécessaire à la bonne compréhension des connaissances : c'est la structure mentale de l'adulte qui transmet le savoir, et elle ne correspond que rarement à la structure mentale de l'enfant. L'exemple type de cette structure imposée, en primaire ou au collège, c'est le « résumé » à la fin d'un chapitre, que l'on demande à l'enfant d'apprendre par cœur. C'est une technique pédagogique encore répandue, et qui est, à la réflexion et par expérience, particulièrement discutable. Combien d'enfants apprennent ce résumé sans vraiment le comprendre, et l'oublient aussitôt après le contrôle ? C'est « l'effet chasse d'eau ».

Quand l'élève apprend ce résumé écrit par un adulte, avec des mots ou des tournures de phrases qui ne sont pas les siens, son cerveau n'a pas la possibilité de créer sa propre structure mentale, de bâtir lui-même la trame dans laquelle pourront ensuite se mettre en place d'autres informations, et aura plus

© Groupe Eyrolles

de mal à assimiler et à mémoriser sur le long terme les nouvelles connaissances.

Il est beaucoup plus intéressant de demander à l'élève d'écrire lui-même un résumé avec ses propres mots et ses propres tournures, de vérifier l'exactitude de ce résumé, et éventuellement de lui demander ensuite de l'apprendre par cœur. Et nous verrons au prochain chapitre (sur les « intelligences multiples ») qu'il sera encore plus pertinent de lui demander de faire ce résumé en utilisant ses « intelligences fortes ».

Apprendre, c'est comme créer une tapisserie

Pour réaliser une tapisserie, il faut :

- un cadre ;
- de la laine de couleurs et de textures différentes ;
- une trame, faite de fils horizontaux et verticaux, qui se croisent au niveau de « nœuds » ;
- l'image de la tapisserie que l'on doit réaliser ;
- des connaissances techniques sur la manière de réaliser une tapisserie.

Dans un apprentissage :

- le *cadre*, c'est le lieu de l'apprentissage : école, maison, atelier, etc. ;
- les *différentes sortes de laine*, ce sont les connaissances et les compétences à acquérir ;
- la *trame* et son réseau de nœuds, ce sont les « points d'ancrage » ;
- *l'image* de la tapisserie que l'on doit réaliser, c'est l'ensemble des connaissances à acquérir, c'est « l'image globale » de ce que l'on doit apprendre ;
- les *connaissances techniques*, ce sont les outils d'apprentissage.

© Groupe Eyrolles

Pour structurer la tapisserie (ou l'apprentissage), l'essentiel est avant tout de mettre en place la *trame*, sans laquelle rien ne peut tenir, ni les fils de laine ni les connaissances, c'est-à-dire de mettre en place des « points d'ancrage » dans l'esprit de celui qui apprend. Une fois la trame mise en place, l'apprentissage complet va pouvoir se structurer : l'enfant va remplir progressivement cette trame, en prenant appui sur ses « points d'ancrage », et en se référant régulièrement à « l'image globale » de tout ce qu'il doit apprendre. Cela fait partie de la manière naturelle du cerveau de fonctionner.

Avoir une vue globale de ce que l'on doit apprendre

La vue globale d'un apprentissage, c'est prendre conscience régulièrement :

- de l'ensemble de ce qui doit être appris ;
- de ce qui est déjà appris ;
- et de ce qu'il reste à apprendre.

L'aspect « global » touche plus particulièrement l'hémisphère droit du cerveau.

Intérêts de la vue globale

L'enseignant ou le parent ne réalise pas forcément qu'« apprendre » est par nature déstabilisant – on va du connu vers l'inconnu –, et peut faire peur. Cette peur ou ces craintes sont naturelles, peuvent faire partie du plaisir de découvrir et d'apprendre, ou bien peuvent bloquer complètement l'apprentissage.

Faire fréquemment référence à la « vue globale » de l'apprentissage a plusieurs avantages :

© Groupe Eyrolles

- cela diminue l'angoisse naturelle face à un apprentissage dont on ne cerne pas les limites au départ ;
- cela aide à suivre le déroulement de l'apprentissage dans le temps, et permet de fixer des buts à atteindre ;
- l'élève peut clairement et régulièrement prendre conscience de ce qu'il sait, et de ce qu'il ne sait pas encore ;
- la vue globale ne s'intéresse qu'aux éléments essentiels, elle permet donc de bien distinguer ce qui est important de ce qui est secondaire ;
- en faisant de fréquentes références à la vue globale, on aide le cerveau à structurer les nouvelles connaissances.

Comment créer une vue globale

Créer la vue globale d'un apprentissage est en principe de la responsabilité de l'enseignant, mais le parent pourra également, à son niveau et en fonction de ses compétences, aider son enfant à acquérir cette vue globale.

Voici quelques idées pour créer la vue globale d'un apprentissage :

- Sous forme de *plan de cours*. C'est une manière classique de présenter un sujet lorsqu'on est enseignant. Mais l'inconvénient d'un plan de cours, c'est qu'il est très linéaire et très analytique, ce qui laisse peu de place pour des compléments éventuels, des questions, des pistes imprévues à explorer…
- Sous forme de *topogramme* (voir ci-dessous).

© Groupe Eyrolles

- Lorsque cela est possible, sous forme de *puzzle*, chaque pièce représentant une compétence ou une connaissance à acquérir. Il est bien sûr souhaitable que cela soit un vrai puzzle, avec des pièces que l'on peut manipuler. Mais un puzzle dessiné en noir et blanc, colorié au fur et à mesure des compétences et des connaissances acquises, peut déjà jouer ce rôle de « vue globale ». Si l'enseignant a recours à cette forme de vue globale, il pourra utiliser un grand puzzle pour l'ensemble de la classe (pour suivre ce qu'il a déjà présenté), et distribuer un puzzle personnel à chaque élève, où chacun coloriera progressivement les connaissances qu'il a acquises. Le puzzle pourra également comporter (par exemple en pointillés) des « pièces » qui seront étudiées les années suivantes, donnant ainsi plus de sens et de cohérence à ce qui est étudié.
- Dans un livre, la *table des matières* peut jouer (partiellement) le rôle de vue globale, et l'on peut s'y référer.
- En début d'année, on peut passer du temps à *découvrir le manuel* que l'on va utiliser tout au long de l'année ; cela permet à l'élève à la fois d'avoir une première « vue globale » du programme de l'année, et de créer des premiers « points d'ancrage »[1].

Créer des points d'ancrage pour structurer l'apprentissage

Les points d'ancrage, ce sont les idées clés ou les mots clés sur lesquels l'apprentissage va se construire. Il est souhaitable de mettre en place ces points d'ancrage dans les jours ou les semaines qui précèdent le début effectif de l'apprentissage, ce qui

1. Pour découvrir un livre et son contenu, on trouvera des activités particulièrement ludiques et efficaces dans *Modèles de jeux de formation* (voir « Bibliographie et sources commentées » en fin d'ouvrage).

© Groupe Eyrolles

nécessite de savoir à l'avance ce que l'enfant va apprendre. C'est une demande que l'on peut faire aux enseignants.

Une fois quelques points d'ancrage créés, lorsque l'apprentissage effectif commencera, l'élève aura alors une curieuse impression de familiarité avec la notion présentée, et l'assimilera mieux.

Comment créer des points d'ancrage

L'enseignant, comme le parent, peut créer des points d'ancrage de différentes façons, par exemple :

- Raconter à l'enfant des histoires mettant en scène la notion qui va être étudiée. Ces histoires vont donner à l'enfant l'envie « d'en savoir plus ». Et l'enfant (tout comme l'adulte) *adore* qu'on lui raconte des histoires.
- Regarder un film ou un documentaire ; faire une sortie, un voyage, la visite d'une usine ; faire venir telle personne compétente pour parler du sujet ; etc.
- Afficher sur les murs des *périphériques* introduisant de façon *non explicite* les notions essentielles de l'apprentissage à venir (images, photos, dessins, mots clés, formules essentielles, dates importantes, etc.).
- Donner à l'enfant l'occasion de se poser des questions : c'est l'art de découvrir ce que l'on ne sait pas encore. Pour cela, on pourra faire une liste de toutes les questions que l'enfant peut se poser sur le sujet de l'apprentissage à venir, puis reprendre toutes ces questions et les structurer, par exemple sous forme de topogramme (voir ci-dessous). Se poser des questions *avant* un apprentissage éveille la curiosité, et donne envie d'avoir des réponses.

© Groupe Eyrolles

Les périphériques

Les périphériques sont des supports d'apprentissage, en général sous forme de posters, que l'on affiche aux murs. Ils permettent d'utiliser la mémoire photographique. On peut mettre sous forme de périphériques des éléments clés des apprentissages passés, présents ou futurs.

Notons quelques règles simples d'emploi :

- Ils doivent être agréables à regarder, très colorés, certains explicites, certains symboliques.
- Ils doivent pouvoir être compris à distance, c'est-à-dire avoir très peu de texte, être très simples : on ne doit faire aucun effort visuel pour les « lire ».
- Ils doivent être peu nombreux : il faut éviter l'accumulation et le fouillis.
- Il faut les faire tourner souvent (pas plus d'une semaine consécutive sur le mur) : un périphérique poussiéreux ne joue plus son rôle.
- Le support doit être de qualité.
- L'enfant peut participer à la création de périphériques, soit à la main, soit en les préparant sur ordinateur.

Créer de nouveaux points d'ancrage

Créer de nouveaux points d'ancrage est capital pour le petit enfant. Et cette notion reste valable tout au long de sa scolarité et ensuite de sa vie d'adulte.

Des activités nouvelles, pas forcément extraordinaires mais en dehors de ses activités habituelles, permettent de créer chez l'enfant de nouveaux pôles d'intérêt sur lesquels des connaissances nouvelles pourront ensuite s'agglutiner. Écouter des histoires, aller au théâtre ou à un concert, faire un voyage, regarder une nuit étoilée, visiter un musée ou une usine, goûter à une cuisine nouvelle, se poser mille questions, lire une nouvelle revue, regarder des documentaires, commencer un nouveau travail, participer à un projet, faire des rencontres nouvelles, etc. : tout cela va donner à l'enfant, sans effort et d'une manière naturelle, des points d'ancrage pour des apprentissages futurs, en douceur.

© Groupe Eyrolles

Inversement, le manque de points d'ancrage peut créer de réelles difficultés dans le parcours scolaire d'un enfant. Si, par exemple, l'enfant ne sait relier l'idée de « souris » qu'à Mickey ou à un appendice d'ordinateur, il aura bien du mal à comprendre certaines histoires ou une fable de La Fontaine.

Attention dans la création de points d'ancrage, de ne pas les restreindre à vos propres intérêts d'adulte. Lorsque les parents sont eux-mêmes pauvres dans certains points d'ancrage (par exemple en sciences ou en arts), il faut une vraie démarche volontaire de leur part pour permettre à leur enfant d'acquérir suffisamment de points d'ancrage dans ces domaines.

Un outil pour structurer sa pensée : le topogramme

Parmi les outils pour structurer sa pensée, il en est un souvent très apprécié par les enfants : le topogramme. Il permet d'avoir une vue à la fois synthétique, analytique et globale sur un sujet. Simple et facile à acquérir, c'est une technique qui apporte immédiatement de nombreux bénéfices : le topogramme développe la concentration, permet d'organiser ses idées, facilite la mémorisation.

Pour l'apprentissage d'une leçon, le topogramme apporte une meilleure compréhension d'un sujet, et permet de faire des liens entre les idées. Son utilisation développe également des comportements positifs tels que la motivation et la confiance en soi. L'aide d'un adulte est conseillée au départ, mais c'est un outil dont les bases s'acquièrent facilement, et que l'enfant pourra utiliser toute sa vie. On peut apprendre la technique du topogramme à un enfant dès l'âge de 6/7 ans.

© Groupe Eyrolles

Comment faire un topogramme

Voici, sous forme de topogramme et sous forme analytique, comment créer un topogramme.

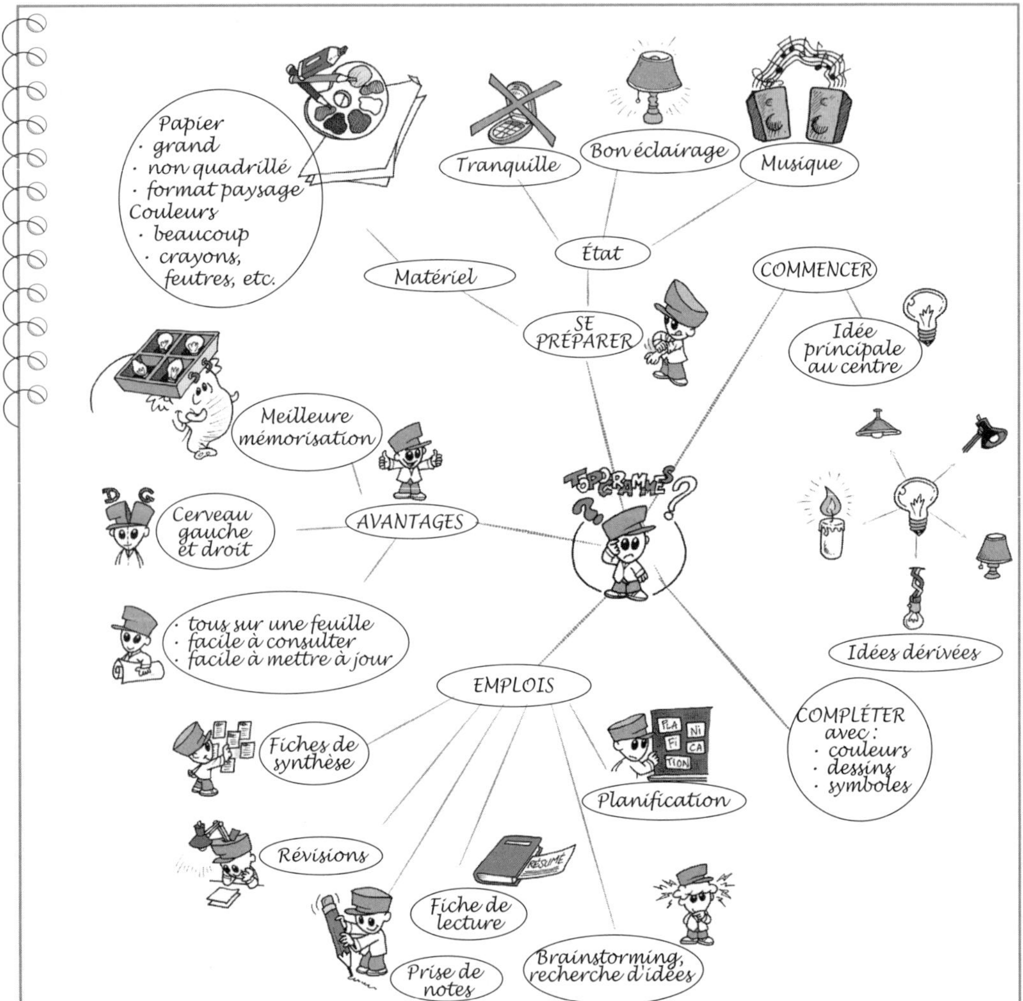

Le topogramme le plus simple se fait ainsi :

- **placer l'idée générale au centre d'une grande feuille blanche, en format paysage ;**

© Groupe Eyrolles

- pour chaque idée principale, créer une branche de couleur différente autour de l'idée centrale, en exprimant l'idée par un seul mot, écrit en lettres capitales sur la branche ou en bout de branche ;
- créer des branches secondaires à partir de chaque branche principale, en suivant les mêmes principes ;
- puis – très important – renforcer l'idée de chaque branche principale ou secondaire par un dessin ou un symbole.

On peut ensuite compléter le topogramme :

- en ajoutant de nouvelles branches principales ou secondaires ;
- en ajoutant des détails aux branches secondaires ;
- en mettant en évidence le rapport entre les idées – utiliser pour cela des flèches et différents symboles ;
- en ajoutant de la couleur (feutres, surligneurs).

Quand peut-on utiliser un topogramme ?

On peut utiliser avec profit et bonheur la technique du topogramme dans des activités très variées, par exemple pour :

- faire un plan ou le résumé d'une leçon ;
- faire une fiche de lecture ;
- planifier une progression ;
- réviser une leçon ;
- mémoriser une leçon ;
- rechercher des idées pour une dissertation ;
- organiser une période de temps (travail, vacances) ;
- organiser, structurer et présenter un projet de classe ;
- faire un exposé, comme support de l'exposé ;
- montrer la vue globale d'un sujet étudié ;
- faire un travail de recherche sur un sujet (« Qu'est-ce que l'écologie ? ») ;
- structurer des questions sur un prochain sujet d'apprentissage ;
- mener une réflexion personnelle (« Qu'est-ce que je sais faire ? », « Comment j'apprends ? ») ;
- prendre des notes (cours n'ayant pas un trop fort degré d'abstraction, ou conférence) ;
- faire un brainstorming (un « remue-méninges ») ;

© Groupe Eyrolles

- réfléchir en famille : prévision de vacances, négociations familiales, liste des travaux ménagers à se partager, échange d'idées ;
- travailler avec des enfants malentendants ;
- faire le bilan d'une action, d'un voyage, d'une sortie, etc.

La mère qui voulait tuer son enfant

« Avec mon fils, l'heure des devoirs et des leçons était devenue si difficile à vivre qu'il me venait parfois des envies de meurtre envers lui...

Et puis j'ai découvert le topogramme. Maintenant, nous transformons ensemble ses leçons en topogrammes, nous y prenons à la fois plaisir et intérêt, et ça va beaucoup mieux ! »

Démarche pour traduire une leçon sous forme de topogramme

Voici, résumé en quatre étapes, comment vous pouvez aider votre enfant à « traduire » une leçon sous forme de topogramme.

Première étape : lire attentivement la leçon, avec l'idée de comprendre les informations qui y sont contenues, mais sans se soucier pour l'instant de les mémoriser.

Deuxième étape : déterminer les mots clés qui vont permettre d'ouvrir les branches principales du topogramme. C'est une démarche intellectuellement très intéressante, mais pas toujours simple, qui développe les capacités d'abstraction. Cela nécessite de bien distinguer l'essentiel de l'accessoire, et de trouver les bons mots auxquels toutes les autres idées (ou presque) pourront s'accrocher.

Troisième étape : créer la structure générale du topogramme, avec des branches principales et des branches secondaires. Si le topogramme est déséquilibré, c'est-à-dire si certaines branches principales sont très développées et d'autres très peu, il faut sans doute revoir et modifier le choix des branches principales.

Quatrième étape : illustrer les idées principales ou importantes du topogramme avec des dessins, des symboles et des couleurs. Si l'enfant déclare qu'il « ne sait pas dessiner » (en général par crainte d'être jugé sur ses dessins), reportez-vous au chapitre 13.

© Groupe Eyrolles

et encouragez-le : rechercher une illustration pour une idée est une démarche riche, qui lui permettra d'approfondir sa pensée et sa réflexion sur cette idée. Veillez à ce que ces illustrations expriment la manière personnelle dont l'enfant considère l'idée à illustrer, et non une simple transposition de l'idée en images.

Intérêts de traduire une leçon (ou un sujet) sous forme de topogramme

Pour passer de la leçon sous forme de texte à la leçon sous forme de topogramme, l'enfant a effectué une démarche *intelligente*, qui lui aura déjà permis de mieux comprendre sa leçon : choix des idées, comment structurer ces idées et les classer, comment placer les branches, comment exprimer certaines idées sous forme d'illustrations, quelles couleurs utiliser, etc. Au final, le topogramme comportera toutes les idées essentielles de la leçon, mais sous une forme radicalement différente des présentations linéaires habituelles.

Le topogramme permettra également à l'enfant de mémoriser plus facilement et plus intelligemment sa leçon, sans avoir la tentation d'apprendre par cœur des phrases toutes faites – ce qui est rarement souhaitable. Il aura une vue globale de toutes les idées essentielles de sa leçon, sous une forme visuelle plus facile à mémoriser par le cerveau. Nous verrons comment mémoriser un topogramme au chapitre 9.

© Groupe Eyrolles

Exemples de topogrammes pour apprendre une leçon

Exemple pour le primaire

Voici une leçon sur la poule sous forme de topogramme.

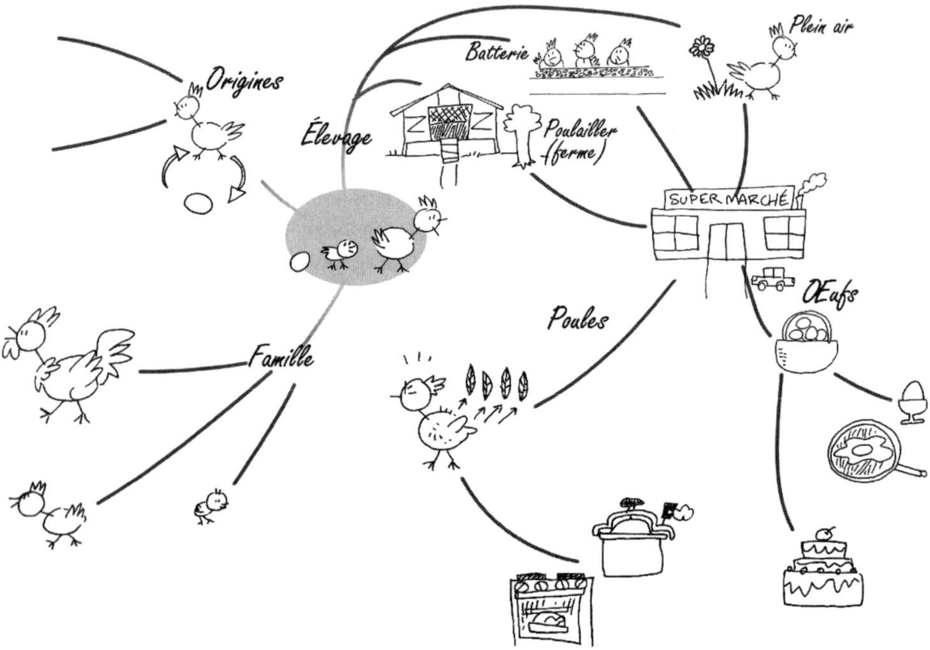

© Groupe Eyrolles

Exemple pour le collège

Voici comment un projet sur le cinéma pourrait être mis sous forme de topogramme géant, affiché au mur.

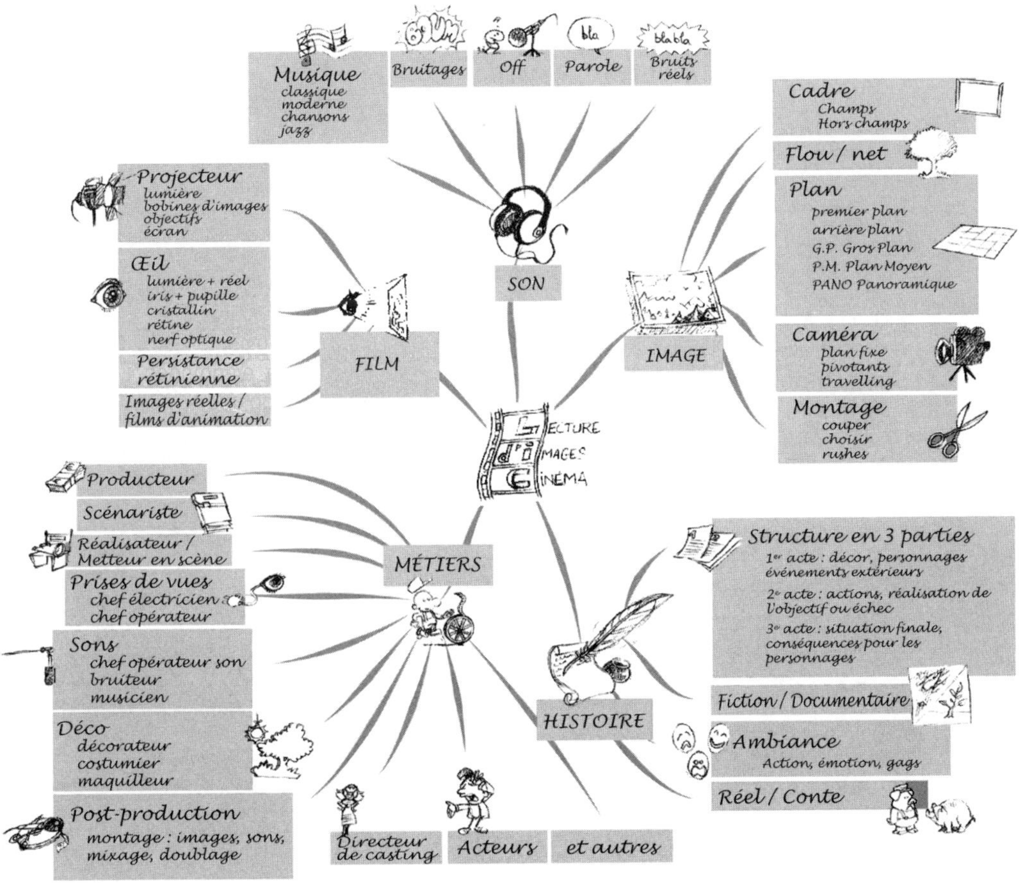

L'imaginer en grand et en couleurs, réalisé par les élèves…

© Groupe Eyrolles

Exemple pour le lycée

Voici ci-dessous une leçon d'histoire sur Staline, transcrite sous forme de topogramme par l'élève à partir de son cours.

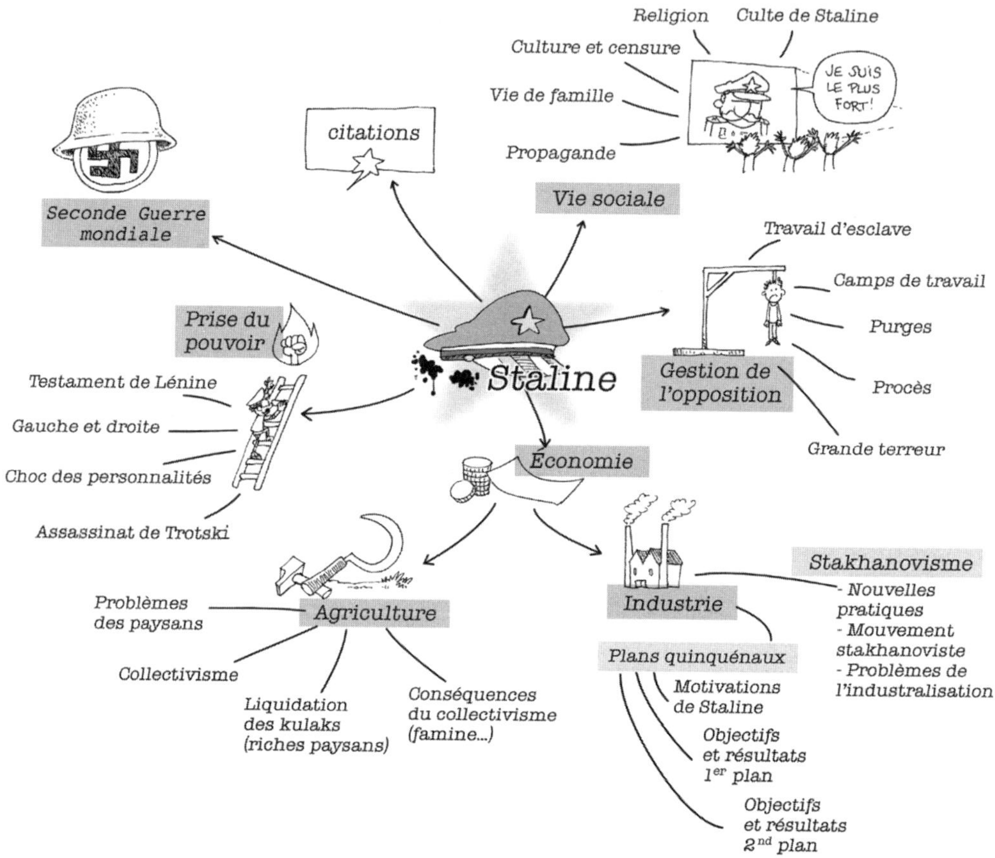

Amusez-vous à déchiffrer ce topogramme et à voir toutes les informations que vous pouvez en tirer. Étudiez la pertinence (ou non) des illustrations, pour renforcer et exprimer d'une manière différente les idées essentielles. Coloriez-le, pour prendre conscience de l'intérêt des couleurs pour comprendre et mémoriser.

© Groupe Eyrolles

« Doit faire des efforts ! »

Une des façons les plus négatives de considérer un apprentissage est d'affirmer qu'il suffit de « travailler plus » et de « faire des efforts » pour obtenir de meilleurs résultats. Ce conseil est d'ailleurs souvent donné en toute bonne foi, car cela semble en général la seule manière d'améliorer un apprentissage.

Ce que nous savons maintenant du fonctionnement du cerveau nous permet pourtant de mieux comprendre que cette manière d'apprendre n'a pas les résultats attendus :

- « Faire des efforts » dans la réalisation d'une tâche met en œuvre majoritairement l'hémisphère gauche (logique), ce qui nous fait nous concentrer sur un apprentissage linéaire, négligeant ainsi les caractéristiques de l'hémisphère droit, plus apte à donner un sens global à ce que l'on apprend, et également plus apte à stocker l'information.
- « Faire des efforts » peut déclencher de l'anxiété ou du stress, et provoquer dans le système limbique la réaction automatique de « combattre ou fuir » dont il a été question au chapitre 4. Cela peut faire disjoncter l'accès à la partie supérieure du cerveau (le néocortex), empêchant tout apprentissage.

Attention : le mot « effort » peut prêter à confusion. On peut distinguer deux types d'effort :

- l'effort-plaisir : c'est un effort physique ou intellectuel qui est lié à une certaine forme de plaisir (faire des longueurs de piscine, grimper en haut d'une montagne, faire une compétition sportive, pratiquer un art, lire tous les livres sur les dinosaures, jouer aux échecs, etc.) ;
- l'effort-contrainte, dans lequel l'effort demandé est imposé et n'a pas de sens pour celui que l'on force. L'effort-contrainte peut donner des résultats, bien entendu, mais ceux-ci sont le plus souvent tragiquement médiocres par rapport à l'énergie dépensée et à la souffrance engendrée par ce comportement.

L'effort-plaisir participe au dépassement de soi, l'effort-contrainte conduit souvent à l'ennui, à la médiocrité, et peut être très démotivant.

© Groupe Eyrolles

John Dewey : « Apprendre en faisant »

Le pédagogue américain John Dewey (1859-1952) est l'initiateur de la pédagogie du projet *learning by doing* (« apprendre par l'action »).

Les méthodes de la pédagogie traditionnelle lui paraissent détestables : il est convaincu que les programmes sont en conflit permanent avec la nature de l'esprit et avec le processus normal de son développement. Il refuse l'éducation qui consiste à « apprendre à parler sur les choses plutôt qu'apprendre à les faire ».

Pour cela, il crée en 1896 une école expérimentale à Chicago, dont l'un des fondements est « apprendre en faisant ». Pour lui et pour ses successeurs, si l'on veut que l'école reflète la société d'aujourd'hui, trois choses doivent être modifiées : les matières enseignées, la façon dont les maîtres les enseignent, la manière dont les élèves les apprennent.

Loin de l'autorité habituelle où le maître est un guide absolu, Dewey souhaite réconcilier esprit et action, travail et loisir, intérêt et effort. Il pense que l'enfant doit agir plutôt qu'écouter. Cette pédagogie du projet vise à ce qu'en anticipant les résultats (le but du projet) les élèves s'engagent volontairement dans l'action. Car pour être motivé, il faut avoir un but.

De plus, pour John Dewey, l'école, pour bien remplir son rôle, doit donner aux enfants le sens de la liberté et de la démocratie.

© Groupe Eyrolles

Chapitre 6

Connaître, utiliser et développer toutes les intelligences de son enfant

Repenser l'intelligence

La notion d'intelligence questionne depuis la nuit des temps les philosophes et les théologiens, rejoints depuis par les psychologues, les neurologues, et bien d'autres chercheurs...

Qu'est-ce qu'être « intelligent » ?

La question, elle aussi, est vieille comme le monde... Quelle intelligence avait Léonard de Vinci ? Pourquoi certains individus, qui ont de forts QI (quotient intellectuel), nous semblent-ils de parfaits imbéciles ? L'intelligence se joue-t-elle avant six ans ? Y a-t-il une seule ou plusieurs formes d'intelligence ? L'intelligence est-elle innée ou, au contraire, peut-elle être éduquée ? L'intelligence est-elle indépendante de la culture ? Peut-on mesurer l'intelligence, et si oui, que mesure-t-on exactement ?

© Groupe Eyrolles

Et puis, il y a la question que se posent bien des parents : être intelligent, est-ce essentiellement bien réussir à l'école ? « Bien sûr que oui », répondront ceux dont l'enfant brille par ses résultats scolaires. D'ailleurs, de bons diplômes donnent de beaux métiers. « Bien sûr que non », répondront d'autres parents, en citant de nombreuses personnes, célèbres ou non, qui ont bien réussi dans la vie, parfois brillamment, après des scolarités difficiles : Isaac Newton, Léon Tolstoï, Winston Churchill, Thomas Edison ou Albert Eisntein en sont quelques exemples.

Albert Einstein

Albert Einstein n'a parlé qu'à l'âge de 4 ans, et n'a su lire qu'à 7 ans. Ses parents pensaient qu'il était « limite normal ». L'un de ses professeurs le décrivait comme « mentalement lent », asocial, et toujours perdu dans des rêves stupides. Il fut renvoyé de son école. Finalement, il a réussi à apprendre à lire, et à faire un peu de mathématiques...

La tyrannie du quotient intellectuel

Autre question courante : être intelligent, est-ce avoir de bons résultats à des tests de QI ? Là, la réponse semble plus claire : définitivement « non ». Les tests de QI donnent une vision de l'intelligence qui s'appuie à la fois sur des compétences très particulières (le langage et la logique), et sur un environnement culturel, en négligeant d'autres aspects importants de la personne, comme certaines capacités artistiques ou relationnelles.

Pourtant, d'une manière paradoxale, on note actuellement une recrudescence – et un abus – de l'usage des tests d'intelligence, alors qu'ils sont de plus en plus remis en question. Des parents n'hésitent pas à utiliser le résultat de tests de QI pour « pousser » leur enfant, lui faire sauter une classe ou le changer d'école. Cette « traduction » (supposée scientifique) de l'intelligence d'un enfant en un nombre peut être tout aussi perverse

© Groupe Eyrolles

que l'usage abusif des notes et des moyennes, utilisées dans le système scolaire pour juger et orienter l'enfant.

D'une manière statistique, chez des personnes ayant particulièrement bien réussi dans leur vie professionnelle, plus d'un tiers ont eu de mauvais résultats aux tests de QI. Ces tests semblent essentiellement mesurer « la capacité à réussir à l'école » dans un système scolaire occidental, et ne permettent en rien de vraiment définir « l'intelligence » d'une personne, ni de prévoir son développement.

Différentes manières d'être intelligent

Mais alors, comment définir « quelqu'un d'intelligent » ? Bien souvent, nous associons « quelqu'un d'intelligent » à un rat de bibliothèque, ou à une tête d'œuf (du genre Professeur Tournesol) toujours dans les nuages, ou bien à un universitaire bardé de diplômes. Mais être intelligent, est-ce vraiment cela ? Si vous tombez en panne sur une petite route de campagne, quelle sera la personne la plus intelligente pour vous dépanner ? Celle qui aura une maîtrise d'une université prestigieuse (si possible américaine), ou bien un mécanicien qui aura un CAP de mécanique auto ? Et si l'on s'intéresse à des personnes considérées comme exceptionnellement intelligentes, quel serait le point commun entre Shakespeare et Einstein, Mozart et Picasso, Marie Curie et Gandhi, Zidane et Darwin, Le Corbusier et Mitterrand ? Pas facile de trouver un dénominateur commun à toutes ces personnes.

Plutôt que d'essayer, bien difficilement, de leur trouver un point commun, nous pourrions dire :

- que l'on peut être très intelligent dans un certain domaine, et tout à fait moyen dans un autre ;

© Groupe Eyrolles

- que l'intelligence dépend du contexte, en particulier *culturel* : l'aborigène d'Australie, le « *medecine man* » africain ou l'Européen développent des intelligences en rapport avec la culture dans laquelle ils vivent ;
- qu'il y a différentes manières d'être intelligent : celles de l'athlète, de l'artiste, du musicien, du patron, du théologien, du conseiller politique, du vendeur, de l'instituteur, du mécanicien, de l'architecte, et de bien d'autres ;
- et que l'intelligence ne semble pas pouvoir être fixée définitivement par un test, par un nombre ou par l'acquisition d'un diplôme – même si c'est encore souvent le cas.

L'approche des « intelligences multiples »

Le cadeau d'une bonne fée

Un bon outil de réflexion et d'action sur le développement de l'intelligence est celui des « intelligences multiples », développé par l'américain Howard Gardner. Facile à comprendre autant par l'adulte que par l'enfant, cette approche donne une vision riche et rafraîchissante du concept d'intelligence.

Selon Gardner, nous recevons à la naissance un « bouquet » d'intelligences. Ces intelligences pourront toutes être développées au fil de la vie jusqu'à un certain niveau de maîtrise, même si des caractères biologiques, familiaux et sociaux permettront un développement plus précoce et plus profond de telle ou telle intelligence.

En s'appuyant sur un certain nombre de critères précis, Gardner a donc proposé de rajouter un « s » au mot *intelligence*, et a défini huit intelligences :

- l'*intelligence verbale/linguistique ;*
- l'*intelligence musicale/rythmique ;*
- l'*intelligence corporelle/kinesthésique ;*

© Groupe Eyrolles

- l'*intelligence visuelle/spatiale ;*
- l'*intelligence logique/mathématique ;*
- l'*intelligence interpersonnelle ;*
- l'*intelligence intrapersonnelle ;*
- l'*intelligence naturaliste.*

Dès le départ, cette nouvelle approche de l'intelligence a suscité un grand intérêt, en particulier pour ses applications dans les domaines de l'enseignement et de l'éducation. Elle peut être adaptée à de très nombreux contextes d'apprentissage, elle est simple à comprendre et à utiliser. Mais ce n'est pas une *méthode* : c'est plutôt un regard nouveau sur la manière d'apprendre et sur le développement de l'intelligence humaine.

À la découverte des huit intelligences

Voici une présentation des huit « intelligences » selon Howard Gardner.

L'intelligence verbale/linguistique

C'est la capacité à être sensible aux structures linguistiques sous toutes leurs formes. Elle est particulièrement développée chez les écrivains, les poètes, les orateurs, les hommes politiques, les publicitaires, les journalistes, etc. On reconnaît cette intelligence chez quelqu'un qui aime lire, qui parle avec facilité, aime raconter des histoires et aime en entendre, qui aime les jeux avec des mots (mots croisés, Scrabble, etc.), les jeux de mots, les calembours.

La plupart des systèmes d'enseignement s'appuient sur cette intelligence. Si elle n'est pas suffisamment développée, on se retrouve facilement en échec scolaire.

Des manques dans cette capacité à mettre en mots sa pensée peuvent également créer le sentiment d'être incompris (en particulier face à ceux qui maîtrisent mieux cette intelligence) et engendrer des réactions de violence.

© Groupe Eyrolles

L'intelligence musicale/rythmique

C'est la capacité à être sensible aux structures rythmiques et musicales. Elle est bien entendu particulièrement développée chez les musiciens (compositeurs, exécutants, chefs d'orchestre) et chez tous les « techniciens du son » (ingénieurs du son, fabricants d'instruments de musique, accordeurs). Elle se trouve aussi chez les poètes, et dans les cultures à forte tradition orale.

On reconnaît cette intelligence chez quelqu'un qui fredonne souvent, bat du pied, chante, se met à danser sur le moindre rythme ; chez ceux qui sont sensibles au pouvoir émotionnel de la musique, au son des voix et à leur rythme ; et chez ceux qui saisissent facilement les accents d'une langue étrangère.

Si cette capacité n'est pas suffisamment développée, on perd une partie des richesses transmises par les sons, notamment à travers les sons organisés comme dans la musique ou dans les infinies variations du langage.

Thomas Edison

Les professeurs de Thomas Edison disaient qu'il était « trop stupide pour apprendre quoi que ce soit ». Il fut licencié de ses deux premiers emplois sous le prétexte d'être « non productif ».

Pourtant, il fut l'un des inventeurs américains les plus féconds. Fondateur de General Electric, l'un des premiers empires industriels mondiaux, il fut un pionnier de l'électricité appliquée ; on lui doit en particulier l'invention de l'ampoule électrique.

L'intelligence corporelle/kinesthésique

C'est la capacité à utiliser son corps d'une manière fine et élaborée, à s'exprimer à travers le mouvement, à être habile avec les objets. Elle est particulièrement développée chez les danseurs, les acteurs, les athlètes, les mimes, les chirurgiens, les artisans, les mécaniciens.

© Groupe Eyrolles

On reconnaît cette intelligence chez quelqu'un qui contrôle bien les mouvements de son corps ; chez ceux qui aiment toucher, sont habiles dans les travaux manuels ; chez ceux qui aiment faire du sport, aiment jouer la comédie ; chez ceux qui apprennent mieux en bougeant, qui aiment faire des expériences ; l'enseignant la reconnaîtra dans l'élève qui se trémousse s'il n'a pas suffisamment d'occasions de bouger, chez celui qui se lève en classe pour tailler un crayon ou mettre un papier à la poubelle.

Si cette capacité n'est pas suffisamment développée, l'enfant (puis l'adulte) risque de ressentir son corps comme une gêne dans de nombreuses circonstances de la vie courante.

L'intelligence visuelle/spatiale

C'est la capacité à créer des images mentales, et à percevoir le monde visible avec précision dans ses trois dimensions. Elle est particulièrement développée chez les architectes, les paysagistes, les peintres, les sculpteurs, les naturalistes, ceux qui tentent d'expliquer l'univers, les metteurs en scène, etc.

On reconnaît cette intelligence chez celui qui a un bon sens de l'orientation ; chez ceux qui créent facilement des images mentales ; ceux qui aiment l'art sous toutes ses formes ; ceux qui lisent facilement les cartes, les diagrammes, les graphiques ; ceux qui aiment les puzzles, ceux qui aiment arranger l'espace ; ceux qui se souviennent avec des images ; ceux qui ont un bon sens des couleurs ; ceux qui ont besoin d'un dessin pour comprendre.

Si cette capacité n'est pas suffisamment développée, on peut rencontrer des difficultés lors de processus de mémorisation et de résolution de problèmes. Car les images produites dans le cerveau aident à la pensée et à la réflexion. D'ailleurs, les découvertes les plus fondamentales de nombre de scientifiques célèbres sont venues de modèles spatiaux et non de raisonnements mathématiques.

© Groupe Eyrolles

L'intelligence logique/mathématique

C'est la capacité à tenir un raisonnement logique, à ordonner le monde, à calculer, à compter. C'est l'intelligence qui a été décrite avec beaucoup de soin et de détails par Piaget comme étant « l'Intelligence ». Elle est particulièrement développée chez les mathématiciens et les scientifiques, les ingénieurs, les enquêteurs, les juristes, etc.

On reconnaît cette intelligence chez quelqu'un qui aime résoudre des problèmes ; chez ceux qui veulent des raisons à tout, des relations de cause à effet ; chez ceux qui aiment les structures logiques et aiment expérimenter d'une manière logique ; chez ceux qui préfèrent la prise de notes linéaire ; etc.

Si cette capacité n'est pas suffisamment développée, on a du mal à organiser des tâches complexes, à donner un ordre de priorité à une succession d'actes ; à comprendre le sens d'une démarche scientifique, à comprendre la signification d'un phénomène ; à démonter un appareil ou un processus pour en comprendre les parties ; à utiliser le raisonnement déductif ; à se servir d'appareils fonctionnant avec une grande logique (comme un ordinateur).

> **Évariste Galois**
>
> Évariste Galois, mort en 1832 à l'âge de vingt ans lors d'un duel, est l'un des fondateurs de la branche mathématique de la *théorie des groupes*. La nuit précédant sa mort, il écrivit une sorte de testament mathématique qui allait occuper plusieurs générations de mathématiciens. Ses professeurs disaient de lui :
>
> - « Il est toujours occupé à ce qu'il ne faut pas faire » ;
> - « Il est un peu bizarre dans ses manières » ;
> - « Il vise l'originalité » ;
> - « Je lui crois peu d'intelligence, ou du moins il l'a tellement cachée qu'il m'a été impossible de la découvrir ».

© Groupe Eyrolles

L'intelligence interpersonnelle

C'est la capacité à entrer en relation avec les autres. Elle est particulièrement développée chez les politiciens, les enseignants et les formateurs, les consultants et les conseillers, les vendeurs, les personnes chargées des relations publiques.

On reconnaît cette intelligence chez quelqu'un qui entre facilement en relation, se mélange et s'acclimate aisément ; chez ceux qui aiment être avec d'autres et ont beaucoup d'amis, ceux qui aiment bien les activités de groupe ; chez ceux qui communiquent bien (et parfois manipulent) ; chez ceux qui aiment résoudre les conflits, jouer les médiateurs.

Si cette capacité n'est pas suffisamment développée, il y a un risque d'enfermement de la personnalité ; on se coupe du plaisir d'être avec d'autres, de travailler ensemble ; on perd des richesses issues du travail en coopération ; on risque de devenir aigri, misanthrope, critique de l'humanité dans son ensemble.

> **Charles Darwin**
>
> **Dans son autobiographie, Charles Darwin écrit : *« J'étais considéré par tous mes professeurs et par mon père comme un enfant très ordinaire, avec une intelligence plutôt en dessous de la moyenne. »***

L'intelligence intrapersonnelle

C'est la capacité à avoir une bonne connaissance de soi-même. Elle est particulièrement développée chez les écrivains, les « sages », les philosophes, les mystiques.

On reconnaît cette intelligence chez quelqu'un qui a une bonne connaissance de ses forces et de ses faiblesses, de ses valeurs et de ses capacités ; chez ceux qui apprécient la solitude ; qui savent se motiver personnellement ; qui aiment lire, qui écrivent un journal intime ; qui ont une forte vie intérieure.

© Groupe Eyrolles

Si cette capacité n'est pas suffisamment développée, on a du mal à tirer parti des expériences, à réfléchir sur ce qui a bien marché et comment améliorer ce qui a moins bien marché ; à prendre le contrôle et la responsabilité de sa vie, de son apprentissage, à se donner des buts ; on est plus sensible à l'opinion de groupes ; on cherche (et l'on trouve) un responsable extérieur à ses échecs.

L'intelligence naturaliste

C'est la capacité à observer la nature sous toutes ses formes (minérale, végétale ou animale), et la capacité à classer, à identifier des formes et des structures. Elle est particulièrement développée chez le naturaliste, qui sait reconnaître et classifier les plantes et les animaux ; chez tous ceux qui s'intéressent au fonctionnement de la nature, du biologiste au psychologue, du sociologue à l'astronome.

On reconnaît cette intelligence chez ceux qui savent organiser des données, sélectionner, regrouper, faire des listes ; chez ceux qui sont fascinés par les animaux et leurs comportements, qui sont sensibles à leur environnement naturel et aux plantes ; chez ceux qui cherchent à comprendre la nature et à en tirer parti (de l'élevage à la biologie) ; chez ceux qui se passionnent pour le fonctionnement du corps humain, qui ont une bonne conscience des facteurs sociaux, psychologiques et humains.

Intelligences multiples et système scolaire

À l'école, la maternelle « à la française » est réputée pour sa richesse d'approches, où l'on peut retrouver l'utilisation de toutes ces « intelligences ». Puis, dès l'entrée en CP, l'accent est mis, parfois de manière importante, sur les intelligences *verbale/linguistique* et *logique/mathématique*. Au collège et au lycée, la question ne se pose même plus ; tout le système scolaire est fondé quasi exclusivement sur ces deux intelligences.

© Groupe Eyrolles

En particulier, on aura tendance à considérer comme superflus (ou du moins secondaires) l'utilisation et le développement des intelligences :

- musicale/rythmique ;
- corporelle/kinesthésique ;
- visuelle/spatiale ;
- interpersonnelle et intrapersonnelle ;
- naturaliste.

Si des enfants ont essentiellement développé d'autres intelligences que les intelligences *verbale/linguistique* et/ou *logique/mathématique*, ils auront du mal à apprendre et à montrer leurs véritables capacités à l'école. Leur scolarité risque d'être difficile.

Pourtant, plus tard, il n'y aura pas que les footballeurs ou les danseurs qui auront besoin de l'intelligence *corporelle/kinesthésique* : les chirurgiens, les acteurs, les charpentiers, les mécaniciens ou les sculpteurs ont également besoin de développer cette intelligence dans le cadre de leur métier. Concernant l'intelligence *visuelle/spatiale*, les pilotes, les architectes, les maçons ou les ingénieurs en ont également un grand besoin. Quant à l'intelligence *interpersonnelle* (qui forme un élément clé dans de nombreux métiers), une bonne capacité à comprendre l'autre et à travailler en coopération sera essentielle pour réussir dans presque n'importe quelle situation relationnelle.

Du coup, il apparaît que non seulement l'individu, mais aussi la société dans son entier bénéficieront d'une approche éducative qui reconnaît et cultive les différentes intelligences. Posséder un bouquet d'intelligences bien développé et équilibré aidera l'enfant devenu adulte dans la réalisation de très nombreuses tâches, complexes ou supposées banales : par exemple, bien conduire une voiture, de manière responsable, nécessite une bonne utilisation des intelligences *verbale/linguistique*, *logique/mathématique*, *visuelle/spatiale*, *corporelle/kinesthésique*, *interpersonnelle*, *intrapersonnelle* et *naturaliste*...

© Groupe Eyrolles

Reconnaître que nous avons tous un « bouquet d'intelligences » différent

> *« L'essence de la théorie des intelligences multiples est le respect des nombreuses différences parmi les individus, les innombrables variations dans leurs manières d'apprendre, les différents modes par lesquels ils peuvent être évalués, et les manières presque infinies par lesquelles ils peuvent laisser leur trace dans le monde. »*
>
> **Howard Gardner**

C'est une évidence pour la plupart des psychologues, mais moins pour les parents et les enseignants : chaque individu a un « bouquet d'intelligences » personnel, ce qui le rend unique dans ses capacités à apprendre, comprendre, raisonner, pour s'adapter de manière efficace aux situations de son environnement, ou pour tirer parti de l'expérience.

Dans un cadre scolaire, tenir compte de cette « unicité » de chacun pourra sembler difficile, voire impossible lorsqu'on s'adresse à un groupe important d'élèves. Pourtant, lorsque l'enseignant intègre plus d'« intelligences » dans sa manière d'enseigner, il est sûr, à un moment ou à un autre, de toucher les intelligences « fortes » de tous ses élèves[1]. Cela permet ainsi à chaque élève d'accéder à une meilleure compréhension, selon les canaux de ses intelligences préférentielles, et donc d'obtenir une meilleure qualité d'apprentissage et de meilleurs résultats. Et, étant régulièrement reconnus dans leurs intelligences « fortes », les élèves accepteront également de développer leurs intelligences plus « faibles ».

Dans un cadre familial, on imagine qu'il est plus facile de reconnaître le bouquet d'intelligences de son enfant, et de l'aider à développer ce bouquet de manière équilibrée et harmonieuse.

1. Sur l'application pratique des intelligences multiples dans un enseignement, lire *À l'école des intelligences multiples* (voir « Bibliographie et sources commentées » en fin d'ouvrage).

© Groupe Eyrolles

Pourtant, ce n'est pas forcément le cas, car différentes difficultés pourront freiner les parents :

- le souhait d'intégration de leur enfant dans le système scolaire : pour cela, les parents ne privilégieront à la maison que les intelligences *verbale/linguistique* et *logique/mathématique*, comme à l'école ;
- si les parents ont certaines de leurs propres « intelligences » faibles ou endormies, ils auront beaucoup de mal à aider leur enfant à développer ces intelligences, même si, pour lui, ce sont des intelligences potentiellement fortes ;
- inversement, certains parents voudront que leur enfant développe surtout des intelligences avec lesquelles eux-mêmes ont eu des difficultés, parfois au détriment d'intelligences où l'enfant a de plus grandes prédispositions.

Le développement des intelligences multiples

Développer tout le bouquet d'intelligences de l'être humain

D'une manière générale, concernant le développement des intelligences chez un être humain de sa naissance jusqu'à son âge adulte, Howard Gardner propose les points clés suivants :

- *Tout être humain possède les huit intelligences* : tout individu normal a, à sa naissance, d'une manière potentielle, un « bouquet d'intelligences », c'est-à-dire des capacités à développer chacune des huit intelligences. Ensuite, des caractères biologiques, familiaux ou sociaux pourront favoriser un développement plus précoce et plus profond de telle ou telle intelligence.
- *Au cours de leur vie, la plupart des êtres humains peuvent développer chaque intelligence jusqu'à un bon niveau de compétence.* Nous considérons souvent que nos déficiences actuelles dans telle ou telle intelligence sont définitives. Pourtant, dans des conditions normales de vie, nous pouvons développer et renforcer les huit intelligences, sans

© Groupe Eyrolles

exception, jusqu'à un bon niveau de compétence, si l'on nous donne des moyens adaptés d'enseignement et de formation pour le faire – ainsi que les encouragements nécessaires.

- *Dans la plupart des cas, les intelligences sont utilisées ensemble de manière complexe.* Dans la théorie des intelligences multiples, chaque intelligence est une « fiction », aucune n'existant d'une manière indépendante, ou très rarement. La plupart du temps, les intelligences interagissent entre elles et de nombreuses activités ne peuvent être correctement réalisées sans l'emploi simultané de plusieurs intelligences.
- *Il y a de nombreuses manières d'utiliser chaque intelligence.* Par exemple, une personne ayant des difficultés à lire et à écrire peut posséder un excellent niveau en intelligence *verbale/linguistique*, parce qu'elle a un talent exceptionnel pour raconter des histoires. Une autre, mal à l'aise sur un terrain de sport, peut montrer une intelligence *corporelle/kinesthésique* exceptionnelle pour fabriquer des maquettes ou régler un moteur de voiture.

Créer un environnement riche en intelligences

L'idéal est donc d'aider l'enfant à développer dès la petite enfance toutes ses intelligences, dans l'environnement familial autant qu'à l'école. Pour cela, il sera particulièrement intéressant de lui proposer des activités et des manières de faire riches en intelligences, comme : apprendre à jouer d'un instrument de musique, faire une course d'orientation, faire du théâtre, jouer aux Lego, ou faire la cuisine avec sa maman ou

© Groupe Eyrolles

son papa. D'autres activités, par contre, sont très pauvres en intelligences, comme regarder n'importe quoi à la télévision, écrire un cours sous la dictée d'un professeur, apprendre un résumé par cœur, etc.

Pour vous familiariser avec les intelligences multiples, amusez-vous à les reconnaître dans des activités courantes. En vous aidant de la description des intelligences multiples établie plus haut, réfléchissez aux différentes « intelligences » qui pourront être utilisées lors de ces activités. Puis recherchez d'autres activités riches ou pauvres en « intelligences ».

Activités	« Intelligences » pouvant être mises en œuvre
Jardiner	
Faire du théâtre	
Faire des courses au marché	
Préparer un pot-au-feu	
Faire une course d'orientation	
Jouer au Pictionary	
Collectionner des timbres	
Regarder Star Academy à la télévision	
Construire une maquette	
Pratiquer un instrument de musique	

Faire découvrir les intelligences multiples à son enfant

Il est particulièrement intéressant de faire découvrir à son enfant cette idée d'intelligences multiples, et de s'y référer fréquemment.

© Groupe Eyrolles

Présenter les intelligences multiples de manière adaptée

La théorie des intelligences multiples est reliée à des notions concrètes que les enfants (comme les adultes) comprennent aussitôt : les mots, les nombres, les images, le corps, la musique, les gens, soi-même, et la nature. On peut ainsi l'expliquer à un enfant dès la grande section de maternelle, en quelques minutes – bien entendu avec un langage adapté. Par exemple :

Intelligences	**Expression très simplifiée**
Verbale/linguistique	Qui aime les mots
Logique/mathématique	Qui aime les nombres
Visuelle/spatiale	Qui aime les images
Corporelle/kinesthésique	Qui aime bouger, toucher, manipuler
Musicale/rythmique	Qui aime la musique
Interpersonnelle	Qui aime être avec les autres
Intrapersonnelle	Qui aime être seul
Naturaliste	Qui aime la nature

En particulier avec les tout-petits, on pourra utiliser des icônes pour représenter chacune des intelligences, par exemple pour construire un tableau d'activités[1] :

Écouter une histoire								
Apprendre une danse								
Faire du modelage								
Etc.								

© Groupe Eyrolles

On peut également demander à l'enfant ce qu'il aime bien faire, et lui expliquer, là encore, qu'il y a différentes manières d'être intelligent. Assurez-vous, en complétant ou en adaptant ces exemples, que votre enfant ait une chance de se voir intelligent partout.

Intelligences	**Questions pour découvrir « Est-ce que tu... »**
Verbale/linguistique	... aimes écouter des histoires ? ... aimes écrire des histoires, faire des jeux de mots ? ... aimes lire des livres, des revues ?
Logique/ mathématique	... aimes les nombres, le calcul ? ... aimes ce qui est logique ? ... as déjà fait une expérience scientifique ?
Visuelle/spatiale	... peux voir des images dans ta tête lorsque tu fermes les yeux ? ... aimes faire un jeu sur une console ? ... aimes dessiner ?
Corporelle/ kinesthésique	... aimes faire des choses avec tes mains, comme des maquettes, des constructions en Lego ? ... aimes faire du sport ?
Musicale/rythmique	... aimes écouter de la musique ? ... sais chanter une chanson ?
Interpersonnelle	... as au moins un ami ? ... aimes travailler de temps en temps avec d'autres ?
Intrapersonnelle	... as un endroit secret ou spécial où tu aimes bien aller quand tu veux être tranquille ? ... aimes parfois travailler tout seul ?
Naturaliste	... aimes être dans la nature ? ... aimes collectionner des feuilles d'arbres, des coquillages ou d'autres objets de la nature ? ... aimes passer du temps avec des animaux ?

© Groupe Eyrolles

1. Ce tableau peut être téléchargé sur le site de l'auteur (voir « Bibliographie et sources commentées » en fin d'ouvrage).

Se familiariser avec les intelligences multiples

Une fois passé le moment de la simple découverte, vous pouvez rendre votre enfant plus familier avec la notion d'intelligences multiples.

Vous pouvez notamment rechercher avec lui des exemples de personnes, réelles ou imaginaires, ayant particulièrement développé l'une ou l'autre des intelligences :

- l'auteur d'un livre que la classe est en train de lire ou d'étudier ;
- des inventeurs ou des scientifiques dont on a parlé en classe ou que l'on a vus à la télévision ;
- des dessinateurs de bande dessinée, des réalisateurs de films ;
- des sportifs célèbres ;
- un acteur connu ;
- des musiciens et des stars de la musique ;
- un animateur de télévision ;
- un philosophe qui fait régulièrement parler de lui ;
- des défenseurs de la nature ;
- etc.

Vous pouvez également lui demander de rechercher des héros de livres, de films ou de séries télévisées qui représentent bien une intelligence spécifique. Ainsi, vous créez chez lui une « culture » des intelligences multiples, qui l'aidera à développer son propre bouquet d'intelligences.

Les intelligences multiples : pas plus qu'un outil

Le parent comme l'enfant doivent comprendre que les intelligences multiples ne sont que des aides et des approximations, et ne sont pas faites pour classer ou étiqueter (« Paul est un pur *logique/mathématique* »). C'est un outil pour permettre à l'enfant d'être plus au clair sur ses forces et ses faiblesses, en particulier en situation d'apprentissage, et qui l'aide progressivement à se développer d'une manière plus équilibrée.

© Groupe Eyrolles

Découvrir le bouquet d'intelligences de son enfant

Bien qu'il existe des tests supposés aider à découvrir les intelligences multiples de son enfant, ils sont à déconseiller : les questions manquent souvent de pertinence par rapport à un enfant particulier, et le risque est grand d'enfermer et de catégoriser son enfant dans telle ou telle intelligence. De plus, toute la démarche des intelligences multiples étant au départ en opposition avec les tests d'intelligence (de type QI), il serait paradoxal d'utiliser des tests pour les intelligences multiples.

Il y a différents moyens de découvrir progressivement le bouquet d'intelligences de son enfant, le plus sûr étant tout simplement de l'observer :

- dans ses activités à la maison et ses manières de faire ;
- dans les activités qu'il apprécie particulièrement ;
- dans les activités qu'il pratique peu (ou pas) ;
- dans ses résultats scolaires, et dans ses intérêts ou ses désintérêts pour telle ou telle matière.

On peut également en discuter avec d'autres personnes qui connaissent bien l'enfant (autres adultes, nounou, enseignants, etc.) – à condition de les familiariser auparavant avec les intelligences multiples, bien entendu.

Curieusement, certains comportements dérangeants d'un enfant peuvent être des manifestations d'intelligences trop peu sollicitées. Par exemple, si votre enfant n'arrête pas de bouger, de mettre les pieds aux murs ou de sauter sur son lit pendant qu'il vous récite une leçon, cela peut signifier que son intelligence *corporelle/kinesthésique* est trop peu utilisée ; ou bien s'il fredonne en travaillant, ou tape en rythme avec un crayon sur son bureau, il peut être intéressant de mettre à contribution son intelligence *musicale/rythmique* pour apprendre ce qu'il doit apprendre.

© Groupe Eyrolles

Attention : il peut arriver que l'enfant ait des intelligences potentiellement fortes, mais qu'il n'a jamais l'occasion d'utiliser, donc qui sont « invisibles », même à ses parents. Si par exemple Mozart, plutôt que de naître dans une famille de musiciens et d'avoir un père pédagogue exceptionnel, était né dans l'Angleterre puritaine du XIXe siècle, il n'aurait sans doute jamais pu développer son intelligence musicale, potentiellement exceptionnelle à sa naissance. Et l'on peut imaginer que de nombreuses personnes à travers l'Histoire auraient pu développer d'une manière remarquable certaines formes d'intelligences, mais ne l'ont jamais fait, faute de reconnaissance de cette intelligence par leurs environnements social et familial.

UN MOMENT DE RÉFLEXION

Une nouvelle définition de l'intelligence

Les recherches d'Howard Gardner ont donné naissance à une définition pratique et rafraîchissante du concept d'intelligence : au lieu de voir l'« intelligence humaine » en termes de score résultant d'une batterie de tests standardisés, Gardner la définit comme ayant trois composantes :

- *Un ensemble de compétences qui permettent à un individu de résoudre des problèmes rencontrés dans la vie courante.* « Résoudre un problème » peut signifier, par exemple, savoir faire une multiplication à deux chiffres ou savoir travailler en équipe sur un projet.
- *La capacité à créer un produit réel ou à offrir un service qui ait de la valeur dans une culture donnée.* « Créer un produit » ou « offrir un service » peut signifier, par exemple, le fait de savoir écrire une lettre, ou d'être capable d'écouter une personne en difficulté, ou encore de transformer de l'argile en statue. « Qui ait de la valeur dans une culture donnée » signifie que, selon la région du monde où l'on se situe, les autres peuvent tirer profit de ce produit ou de ce service.
- *La capacité à se poser des problèmes et à trouver des solutions à ces problèmes*, capacité permettant en particulier à un individu d'acquérir de nouvelles connaissances. Le fait de « se poser des problèmes » et de « chercher des solu-

© Groupe Eyrolles

tions » donne une vision dynamique de l'utilisation et du développement de l'intelligence.

On remarquera que cette définition d'Howard Gardner propose une description très *diversifiée* et très *concrète* de l'intelligence, et qu'elle fait ressortir la nature *multiculturelle* de sa théorie. On admet ainsi que les compétences à développer puissent être très différentes selon la culture dans laquelle grandit et agit l'individu.

LE COIN DES PÉDAGOGUES

Johann Heinrich Pestalozzi : enseigner aux sauvageons

Vouloir enseigner à ceux qui veulent bien apprendre, comme cela s'est toujours fait jusqu'à récemment, est chose relativement facile. Mais comment faire pour enseigner à des enfants et des adolescents qui ne veulent pas apprendre et même, parfois, qui rejettent violemment le système éducatif parce qu'il incarne ce que, précisément, ces jeunes refusent : une autre culture, des contraintes institutionnalisées, une manière différente de se comporter et de voir le monde ? Comment enseigner à des élèves qui vous rejettent, à des élèves qui ne veulent pas de vous ?

Confronté dans un orphelinat à des enfants très violents ou totalement indifférents, le pédagogue suisse Johann Heinrich Pestalozzi (1746-1827) fonda une école basée sur deux principes : l'exigence du travail, et l'hétérogénéité des classes. Dans sa classe, le but était de mener toute activité le plus loin possible avec chacun, et de s'appuyer sur l'entraide entre les élèves pour permettre à chacun d'être actif et accompagné.

Le plus étonnant dans sa démarche, c'est que, pour résoudre les problèmes auxquels il est confronté, il va s'appuyer essentiellement sur ce dont se plaignent beaucoup d'enseignants aujourd'hui : l'hétérogénéité des élèves. Pour Pestalozzi, c'est en tirant parti de la multiplicité des talents dans la classe, c'est parce qu'il a des enfants d'âges différents et qui peuvent s'investir dans des domaines où ils sont déjà particulièrement compétents, qu'il va pouvoir créer une véritable « société éducative ».

Dans cette « société », le maître est à la fois bienveillant et exigeant. C'est lui qui garantit la loi et préserve l'intégrité des

© Groupe Eyrolles

personnes, c'est lui qui marque les limites pour éviter que l'enfant se dissolve dans un espace sans frontières. Il aide chacun à reconnaître dans la culture les échos et les réponses de l'humanité à ses propres interrogations. Il multiplie les ressources et accompagne chacun pour qu'il donne le meilleur de lui-même.

© Groupe Eyrolles

Chapitre 7

Intelligences multiples et travail scolaire

Introduire les intelligences multiples dans le travail scolaire

Une fois découverte l'approche des intelligences multiples, se pose la question pratique : « Comment faire pour introduire les intelligences multiples dans le travail scolaire de mon enfant, et même dans sa vie de tous les jours ? » Le lieu idéal pour cette démarche pédagogique est bien entendu l'école, si les enseignants acceptent cette manière de faire. Mais le parent pourra également introduire, avec quelques précautions, l'utilisation des intelligences multiples lors de « l'heure des devoirs et des leçons ». Voyons comment.

S'appuyer sur les intelligences « fortes » de son enfant

Il est intéressant, en particulier pour le travail scolaire, de s'appuyer sur les *intelligences fortes* de son enfant. Lors du travail à la maison, le parent pourra ainsi proposer à son enfant des manières de faire où il est « fort » (comme le mouvement, la musique ou le dessin) pour l'aider à apprendre des choses pour lesquelles il a des difficultés (comme la lecture, les tables de multiplication, sa leçon d'histoire ou le théorème de Pytha-

© Groupe Eyrolles

gore). Avec un peu de créativité, on peut ainsi utiliser différentes intelligences pour renforcer, par exemple, la lecture et les apprentissages mathématiques. Des idées d'activités sont proposées un peu plus loin.

Lorsqu'un enfant trouve des occasions régulières d'utiliser des intelligences dans lesquelles il est « fort », cela a de nombreuses conséquences positives :

- quand l'enfant découvre/reconnaît dans quoi il est bon, et qu'il est également reconnu par ses parents, ses camarades et ses enseignants, il expérimente la réussite et se sent mis en valeur ;
- un enfant qui éprouve des difficultés dans les intelligences *verbale/linguistique* et/ou *logique/mathématique* – cela se traduira souvent par des difficultés en français ou en mathématiques – pourra mieux réussir dans ces matières s'il peut y utiliser ses intelligences fortes ;
- un enfant qui peut utiliser dans son travail scolaire, au moins de temps en temps, des intelligences dans lesquelles il est fort acceptera plus facilement de prendre des risques et d'utiliser des intelligences dans lesquelles il se sent moins à l'aise, et pourra ainsi les développer progressivement.

Mais ce n'est pas toujours évident, du fait :

- du manque de compétence du parent pour « faire autrement » – ce livre a pour but de vous y aider ;
- du manque de temps lors du travail à la maison : l'utilisation d'autres intelligences peut prendre du temps ;
- du souhait de l'enfant – et du parent – de faire exactement de la manière proposée (ou imposée) par l'enseignant, sachant que les contrôles seront la plupart du temps sous cette forme. Par exemple, un enfant pourra particulièrement apprécier la technique du topogramme, qui lui convient bien, mais refusera de l'utiliser car n'étant pas compatible avec ce que demande l'enseignant.

© Groupe Eyrolles

Ne pas étiqueter son enfant

Encore une fois, il ne s'agit pas de « labéliser » son enfant (« Paulette est une pure *visuelle/spatiale* ») et de n'utiliser que ses intelligences fortes, d'une manière exclusive : il s'agit de lui permettre d'utiliser régulièrement ses intelligences fortes pour lui donner confiance en lui et l'aider à avancer.

Faire des ponts

Lorsque l'enfant trouve des occasions régulières d'utiliser ses intelligences fortes, on peut l'amener progressivement à développer ses intelligences plus faibles, et tout particulièrement les intelligences *verbale/linguistique* et/ou *logique/mathématique*, clés de la réussite dans le système scolaire, et sources de richesse pour toute la vie. Cette démarche consiste à « faire des ponts » : il s'agit d'utiliser l'expérience de l'enfant dans les intelligences où il est fort, comme un chemin vers d'autres zones d'apprentissage et de réussite scolaire où il a des difficultés.

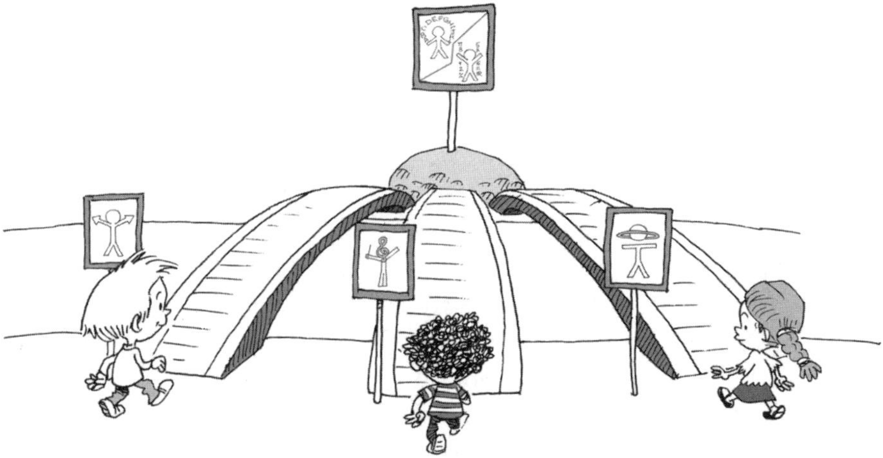

Prenons une analogie : vous écoutez toujours la même radio, par exemple une station dédiée à la musique. Vous y entendez des musiques que vous aimez, tout en découvrant de nouvelles musiques que vous ne connaissiez pas, et que vous n'auriez jamais imaginé écouter. C'est une manière de s'enrichir, en douceur.

© Groupe Eyrolles

Quelques conseils pour introduire les intelligences multiples dans la vie de votre enfant

Si les idées ci-dessus vous paraissent séduisantes, leur mise en application pratique avec votre enfant, au jour le jour, pourra sembler plus difficile. Voici quelques conseils et quelques pistes pour vous lancer :

- L'approche des intelligences multiples n'est pas une « méthode », c'est plutôt un changement de regard sur l'intelligence et sur la manière d'apprendre. C'est un chemin, pas une fin en soi.
- Changer sa manière de faire prend du temps, il faut être patient.
- Changer trop vite crée presque invariablement des blocages, en particulier chez l'enfant, qui est « programmé » depuis son entrée à l'école à faire de certaines façons et à ne pas faire autrement. L'introduction de l'approche des intelligences multiples dans le travail scolaire doit être très progressive.
- Parlez-en autour de vous, pour avoir des avis, des idées, des conseils ; surfez un peu sur Internet pour en savoir plus.
- Introduisez très progressivement, lors du travail à la maison, d'autres « intelligences multiples », en commençant si possible par des intelligences avec lesquelles vous êtes vous-même à peu près à l'aise.
- Parlez-en à votre enfant, sans trop lui en parler : il vaut mieux expérimenter d'abord, avant d'en discuter avec lui.
- Recherchez avec votre enfant la « compréhension authentique »[1], qui est obtenue lorsque l'on est capable :
  - d'expliquer, si possible de différentes manières ;
  - de trouver des informations complémentaires et des exemples ;
  - de généraliser, de conceptualiser ;

1. L'expression est de Howard Gardner.

© Groupe Eyrolles

– de faire des analogies avec d'autres champs de connaissance ;
– d'appliquer ses connaissances dans un projet, une recherche ou la résolution de problèmes pratiques.

Plutôt que de demander la réponse « correcte » (comme c'est souvent le cas dans le modèle scolaire), la compréhension authentique nécessite donc de synthétiser sa compréhension et de produire une réponse complexe.

Les troubles spécifiques d'apprentissage

Il y a des enfants qui ont du mal à apprendre de la même manière que les autres enfants. Certains n'arrivent pas à lire et à écrire, et ont de grandes difficultés en mathématiques ou en orthographe. D'autres ne parviennent pas à se souvenir de ce qu'ils ont vu, ne peuvent soutenir leur attention ou rester assis. Chacune de ces pathologies porte un nom : dyslexie, dysphasie, dyspraxie, dysorthographie, dyscalculie, etc., chacune n'affectant qu'une fonction précise.

On connaît mal la source de ces troubles, mais aujourd'hui on est sûr d'une chose : ces troubles doivent être précocement pris en charge, même s'il est difficile pour un enseignant de distinguer un cancre d'un dysphasique...

La *dyslexie* amène l'enfant à inverser les lettres ou les syllabes, entravant à la fois la lecture et l'écriture. Elle se repère au cours préparatoire.

La *dysphasie* est un trouble du langage oral, qui se traduit à la fois par des difficultés de compréhension et des difficultés d'expression. L'enfant dysphasique adopte souvent un style d'expression télégraphique. Cette pathologie peut se détecter dès trois ans.

La *dyspraxie* se caractérise par des difficultés à coordonner ses mouvements pour réaliser un geste précis. Elle se repère dès la toute petite enfance.

La *dysorthographie* est fréquemment confondue avec la dyslexie. L'enfant dysorthographique, cependant, n'a des difficultés qu'à l'écrit : l'expression orale est correcte. Il va sauter des lettres, oublier des syllabes, couper les mots de manière anarchique. Son rythme de lecture sera extrêmement lent.

La *dyscalculie* est une faiblesse dans l'apprentissage des opérations de calcul, une difficulté à s'orienter dans le domaine des chif-

© Groupe Eyrolles

fres et/ou de la compréhension mathématique. Les personnes atteintes de dyscalculie sont souvent sous-estimées dans leurs possibilités intellectuelles.

Intelligences multiples et difficultés scolaires

La manière traditionnelle de remédier à des faiblesses scolaires chez un enfant est de se concentrer sur ses *faiblesses* : on lui donne des cours particuliers, des devoirs supplémentaires, des heures de soutien attribuées avec largesse par l'Éducation nationale, etc.

L'approche des intelligences multiples, nous le voyons, est radicalement différente : on s'appuie sur les *forces* de l'enfant, en lui proposant des activités ayant du sens pour lui et qui sont en rapport avec ses manières de faire préférentielles, pour l'aider à acquérir ce qu'il doit acquérir, et pour lui (re)donner confiance en ses capacités.

On pourra découvrir ainsi que les blocages ou les difficultés de l'enfant ne sont pas forcément liés à un sujet ou à une matière en particulier, mais se créent essentiellement lorsque ses intelligences préférentielles ne sont jamais reconnues. Par exemple, pour un enfant dont l'intelligence *corporelle/kinesthésique* est très développée, le système scolaire classique risque rapidement de le mettre en position de blocage et de rejet, parce que son intelligence préférentielle n'est jamais utilisée pour apprendre. Et les échecs que l'enfant va vivre risquent de le faire entrer dans une spirale négative dont il aura du mal à sortir.

Pour éviter cela, l'idéal est que l'enseignant, conscient de ce problème, varie ses manières de présenter et de faire son cours, s'adressant régulièrement à toutes les formes d'intelligences et donc touchant, à un moment ou à un autre, tous les élèves dans leurs intelligences fortes.

S'intéresser aux différences des élèves pourra sembler un luxe que l'enseignant ne peut pas se permettre. Pourtant, reconnaître la diversité est nécessaire, et est un moyen efficace pour faire évoluer la conception habituelle que nous avons de l'apprentissage scolaire.

© Groupe Eyrolles

Par exemple, pendant les années préélémentaires et élémentaires, il est essentiel pour l'enfant d'apprendre à maîtriser des outils de base, des « fondamentaux ». L'enfant qui a du mal à maîtriser ces fondamentaux accumule souvent très tôt échecs, frustrations et handicaps. L'enseignant, en variant les approches, aura de bien meilleures chances de lui faire acquérir ces « fondamentaux », lui permettant de mieux réussir à l'école. Par exemple, un enfant qui a une forte intelligence *musicale/rythmique* pourra mieux assimiler une règle de grammaire ou l'apprentissage d'une table de multiplication si on lui propose de l'aborder en musique.

> **La principale cause des échecs scolaires**
>
> Selon des chercheurs américains, 80 % des échecs scolaires seraient dus à la non-reconnaissance à l'école de certaines intelligences chez l'enfant, et en particulier de l'intelligence *corporelle/kinesthésique*.

Infuser les intelligences multiples dans le travail scolaire

D'une manière pratique, voici ci-dessous quelques activités utilisant chaque intelligence de manière préférentielle. L'idée est d'infuser progressivement dans le travail scolaire des formes variées d'intelligences et, si possible, d'utiliser des intelligences où l'enfant est « fort ».

Avec l'intelligence verbale/linguistique

Rechercher les mots clés, les définir et les structurer

Rechercher les mots clés d'un sujet permet d'aider l'enfant à créer sa propre structure mentale : à partir de ces mots clés, le reste des informations pourra « s'accrocher » d'une manière plus facile et plus solide.

© Groupe Eyrolles

La recherche par l'enfant d'une définition personnelle de ces mots clés lui permettra d'en clarifier la compréhension.

Résumer avec ses propres mots

Résumer un sujet est un moyen efficace de compréhension, qui nécessite non seulement une démarche analytique pour distinguer l'important du secondaire, mais également une bonne maîtrise de la syntaxe et de la sémantique (le sens des mots).

Créer des dialogues

La technique du dialogue est vieille comme le monde et d'une très grande efficacité. Mettre avec l'enfant les nouvelles connaissances sur un sujet sous forme de dialogue permet de bien approfondir ces connaissances, et de les présenter d'une manière vivante et originale.

Les personnages du dialogue peuvent être des êtres humains (ayant existé ou imaginaires) ou bien des animaux, des objets, des concepts personnifiés. Ces dialogues peuvent ensuite être mis en scène et représentés.

Et d'autres manières de faire :

- inventer des histoires, des métaphores et des analogies sur la leçon ;
- faire des jeux de vocabulaire sur la leçon (mots croisés, etc.) ;
- imaginer un discours sur le sujet, Napoléon avant une bataille, ou un député à la Chambre ;
- écrire un poème sur la leçon ;
- inventer des mots nouveaux, étranges, amusants, en rapport avec la leçon, leur trouver une définition ;
- proposer de créer des questionnaires et des tests sur la leçon ;
- faire décrire à voix haute, par exemple une image en rapport avec la leçon ;
- rechercher et écrire des questions sur la leçon, dont on souhaite les réponses ;

© Groupe Eyrolles

- créer des slogans, des mnémoniques sur des points importants de la leçon ;
- trouver quelqu'un de compétent sur le sujet de la leçon, l'écouter exprimer ses idées et discuter avec lui ;
- faire des topogrammes sur le sujet de la leçon.

Avec l'intelligence musicale/rythmique

Traduire les éléments importants en musique ou en rythme

Dans un premier temps, on pourra rechercher avec l'enfant les éléments essentiels à apprendre. Dans un second temps, on peut lui proposer de mettre ces éléments sous forme rythmée et/ou musicale : poème, chanson, rap, ritournelle, psalmodie, etc.

Trouver des musiques ou des chansons en rapport avec ce que l'on apprend

On propose souvent des biographies sur un sujet étudié, plus rarement une discographie. Certains apprentissages peuvent faire penser à des chansons, et certaines chansons peuvent apporter un éclairage original sur le sujet.

Et d'autres manières de faire :

- apprendre des définitions, des règles, des mots clés sous forme rythmée ;
- pour apprendre une leçon : la réciter en la chantonnant, éventuellement en utilisant la mélodie d'une chanson connue ;
- choisir et écouter différentes sortes de musiques qui semblent bien adaptées pour soutenir l'apprentissage de la leçon ;
- utiliser la mélodie d'une chanson connue et créer de nouvelles paroles en rapport avec la leçon.

© Groupe Eyrolles

Avec l'intelligence visuelle/spatiale

Utiliser l'imagerie mentale (ou visualisation)

Visualiser consiste à créer consciemment et volontairement des images mentales, en gardant le contrôle total de son esprit. Pour employer utilement cette capacité à former des images mentales, en particulier pour apprendre, il faut un minimum de pratique, et suivre certaines règles simples : images fortes, colorées, exagérées, avec beaucoup de mouvement, utilisant les cinq sens.

On pourra ainsi visualiser avec l'enfant aussi bien une page d'histoire que Thalès mettant au point son théorème au pied de la Grande Pyramide.

On peut également utiliser la visualisation pour préparer une interrogation ou un contrôle : l'enfant imagine à haute voix comment l'enseignant lui demande d'aller au tableau, lui pose des questions auxquelles il répond bien, le félicite, etc.

Apprendre en couleurs

Bien souvent, le travail d'apprentissage se fait en noir et blanc : livres, photocopies, tableaux noirs ou blancs. Pourtant, l'intelligence *visuelle/spatiale* est très liée à l'utilisation des couleurs, et certains enfants y sont particulièrement sensibles.

Il y a de nombreuses manières d'introduire de la couleur dans une leçon : emploi de feutres, de surligneurs, de papiers de couleur, de graphiques colorés, de topogrammes.

Utiliser le dessin

Dessiner peut être une manière de penser visuellement. Cela aide certains enfants à exprimer la manière dont ils comprennent un sujet particulier. On pourra par exemple demander à l'enfant de faire un croquis (ou une série de croquis) pour exprimer un point important ou les idées principales de la leçon. L'utilisation du dessin pour apprendre sera détaillée au chapitre 13.

© Groupe Eyrolles

Et d'autres manières de faire :

- travailler avec des « médias artistiques », tels que peinture, marqueurs, crayons, découpages, collages, etc., pour comprendre et apprendre une leçon ;
- pratiquer des exercices d'imagination (« Faire comme si ») sur le sujet de la leçon : « Je suis le complément d'objet direct, et je discute avec le sujet et le verbe de la phrase » ;
- concevoir des posters pour exprimer les idées importantes de la leçon ;
- fabriquer un décor sur le sujet que l'on étudie : organiser l'espace, les objets et les zones de l'espace en fonction du sujet étudié, par exemple le cycle de l'eau ;
- réaliser un topogramme, des graphiques, des dessins, sur le sujet de la leçon ;
- utiliser des images, des photos pour apprendre ;
- regarder des films et des vidéos sur (ou en rapport avec) le sujet de la leçon ;
- créer des symboles pour exprimer des idées importantes de la leçon ;
- concevoir des publicités, comme à la télévision, pour présenter la leçon.

Avec l'intelligence corporelle/kinesthésique

Mettre en scène

Souvent très appréciée par certains enfants (c'est mieux à plusieurs), la mise en scène de ce que l'on doit apprendre permet de transformer une leçon en saynète, et « ancre » plus facilement les nouvelles connaissances.

Penser avec les mains

Les enfants (nombreux) qui ont une disposition naturelle pour l'intelligence *corporelle/kinesthésique* devraient avoir régulièrement l'occasion d'apprendre en manipulant des objets ou en réalisant des choses avec leurs mains – et pas uniquement en maternelle.

© Groupe Eyrolles

On peut également « penser avec ses mains » pour exprimer des concepts complexes, en réalisant des sculptures en argile ou en bois, des maquettes, des collages ou autres assemblages.

Et d'autres manières de faire :

- faire des activités où l'on devient ce que l'on est en train d'apprendre ;
- utiliser le langage corporel pour apprendre ou réciter une leçon, par exemple : mimer une leçon ;
- représenter à grande échelle ;
- faire parler des marionnettes sur le sujet de la leçon.

Avec l'intelligence logique/mathématique

Se poser des questions, émettre et tester des hypothèses

Se poser des questions est l'une des clés de la démarche scientifique. De même, émettre des hypothèses oblige à observer les faits d'une manière rigoureuse et à aiguiser son esprit afin de tester la valeur de ces hypothèses. Cela aide également l'enfant à éviter de se forger des opinions à partir d'une émotion forte ou d'une impression passagère.

Dans une démarche analogue, se poser des questions du type : « Et si... ? », en justifiant ses éléments de réponse, ouvre la pensée et permet de prendre du recul par rapport à un sujet : « Et si... tel élément n'existait pas ? » ; « Et si... certaines conditions étaient différentes ? » ; « Et si... tel personnage historique n'avait pas existé ? », etc.

Structurer ses idées

On peut stimuler l'intelligence *logique/mathématique* chaque fois que l'on place des informations dans un cadre structuré. Cette démarche peut aider autant à la compréhension qu'à la mémorisation.

Cela peut se faire sous de très nombreuses formes : listes, répartitions en plusieurs colonnes, topogrammes, schémas

© Groupe Eyrolles

hiérarchiques, organigrammes, diagrammes des « qui-que-quoi-quand-pourquoi », frises temporelles, histogrammes, etc. Chaque fois que l'on utilisera une représentation structurée d'idées, il pourra être intéressant de rechercher avec l'enfant la structure la mieux adaptée au type d'informations traitées.

Et d'autres manières de faire :

- planifier l'apprentissage du sujet à étudier, le décomposer en parties successives et fixer un ordre de priorité ;
- mettre une hiérarchie dans les idées à apprendre, et justifier cette hiérarchie ;
- représenter sous forme de graphiques logiques ;
- trouver des statistiques sur le sujet ;
- faire un topogramme sur le sujet ;
- prédire et justifier la réponse à un problème avant de le résoudre, puis le résoudre et évaluer ses prédictions ;
- créer des énigmes sur le sujet que l'on étudie ;
- faire des analogies mathématiques ou scientifiques en rapport avec la leçon ;
- traduire les étapes de résolution de problèmes en une formule symbolique.

Avec l'intelligence interpersonnelle

Pour utiliser et développer son intelligence interpersonnelle, il faut, par définition, être plusieurs. Ces stratégies sont donc plus adaptées lorsque plusieurs enfants travaillent ensemble.

L'apprentissage en coopération

Lorsque cela est possible, l'apprentissage en coopération, avec d'autres enfants, est plus stimulant et plus efficace ; il donne aux enfants la possibilité de fonctionner comme une unité socialement indépendante, soutenue par l'adulte si nécessaire.

© Groupe Eyrolles

Les jeux

Dans un apprentissage, utiliser des jeux combine de nombreux avantages, en particulier sur le plan interpersonnel. L'emploi des jeux pour apprendre sera détaillé au chapitre 12.

Les simulations

Faire des simulations, c'est créer un cadre temporaire qui reproduit des éléments de ce que l'on apprend. Par exemple, on peut proposer à l'enfant (ou si possible à plusieurs enfants) d'organiser un tribunal (avec juge, avocat, procureur, jury) pour débattre d'un sujet à apprendre. L'usage de costumes et d'accessoires peut renforcer la puissance d'une simulation. Bien entendu, certaines matières (comme l'histoire) se prêtent mieux à des simulations que d'autres.

Cette stratégie met en œuvre de nombreuses intelligences (en particulier *corporelle/kinesthésique*, *verbale/linguistique* et *visuelle/spatiale*), mais les interactions qu'elle nécessite utilisent et développent plus particulièrement l'intelligence *interpersonnelle*. Les simulations sont bien souvent génératrices de cette « compréhension authentique » dont parle Howard Gardner. De plus, on constate que « faire comme si » est souvent libérateur pour nombre d'enfants : en se mettant dans la peau d'une autre personnalité, ils acceptent plus facilement de ne pas rester enfermés dans leurs comportements habituels, et entrent ainsi plus profondément dans l'apprentissage.

Et d'autres manières de faire :

- réaliser des projets de groupe, en rapport avec le sujet étudié ;
- pratiquer la division du travail entre plusieurs enfants, pour apprendre une leçon : chacun apprend un bout de la leçon, puis l'explique aux autres ;
- organiser des discussions sur le sujet étudié ;
- expliquer la leçon à un autre enfant ;
- interviewer des spécialistes du sujet ;

© Groupe Eyrolles

- faire des interviews imaginaires : par exemple, préparer l'interview d'un personnage historique célèbre, ou d'une fraction irréductible ;
- proposer la comparaison de notes, de topogrammes, entre plusieurs enfants ;
- tenir un journal de bord collectif.

Avec l'intelligence intrapersonnelle

Donner du temps pour réfléchir et s'auto-évaluer

Sur des apprentissages à court, moyen ou long terme, il est important de donner régulièrement du temps à l'enfant pour lui permettre d'évaluer son implication personnelle dans ce qu'il a appris, et de déterminer des stratégies ou des moyens pour mieux réussir l'apprentissage suivant.

Pour cela, on peut :

- proposer régulièrement des moments de calme pour la réflexion personnelle ou pour le travail indépendant ;
- proposer régulièrement à l'enfant de réfléchir sur sa manière d'apprendre ;
- proposer à l'enfant des activités pour se recentrer, se concentrer ou se relaxer (voir chapitre 11).

Les temps de réflexion proposés peuvent être brefs (une ou deux minutes) et nombreux, ou bien plus longs et moins nombreux, pour permettre une démarche d'introspection ou une réflexion suffisamment approfondie.

Créer et entretenir un environnement d'apprentissage émotionnellement sûr

Pour développer son intelligence intrapersonnelle et pour réussir, l'enfant a besoin de se sentir accepté, valorisé et apprécié pour ce qu'il est. Il a besoin de croire en sa propre valeur et d'être convaincu qu'il a quelque chose d'unique à apporter aux autres.

© Groupe Eyrolles

Cette expression de son individualité nécessite un environnement d'apprentissage qui soit *émotionnellement sûr*, c'est-à-dire où il puisse exprimer des réflexions personnelles et des émotions sans avoir le sentiment que sa personnalité est mise en péril par des moqueries ou des jugements de valeur de l'adulte.

Fixer des objectifs clairs et réalistes

Pour de nombreux enfants, les principales causes de crainte dans un apprentissage sont les suivantes :

- la difficulté à cerner les limites de ce qui doit être appris ;
- le sentiment de ne pas être capable de réussir l'apprentissage ;
- le manque de clarté des objectifs à atteindre.

Nous l'avons vu, ces craintes sont naturelles et normales : apprendre, c'est aller du connu vers l'inconnu, et l'inconnu peut faire peur. Il sera utile d'aider l'enfant à se fixer des objectifs à court et à plus long terme, et de l'aider si nécessaire à les atteindre.

Et d'autres manières de faire :

- proposer régulièrement à l'enfant d'être attentif à ses pensées, sentiments et humeurs comme un observateur extérieur ;
- faire prendre conscience à l'enfant de ses différentes stratégies de pensée selon les circonstances : stratégies de mémorisation, de résolution de problèmes, de réflexion, etc. ;
- réfléchir au sens (pour lui) de ce qu'il fait, à la façon de l'intégrer dans un plan de développement personnel ;
- proposer une recherche personnelle sur le sujet étudié ;
- lier les nouvelles informations à des compétences personnelles.

© Groupe Eyrolles

Avec l'intelligence naturaliste

Rechercher le lien écologique

Tous les apprentissages, ou presque, peuvent être reliés à la nature, quel que soit le sujet étudié. De plus, la nature est une source infinie de connaissances et de richesses, qui intéresse et fascine facilement les enfants. Rechercher des liens écologiques entre le sujet étudié et la nature suscitera généralement beaucoup d'intérêt, ce qui facilitera et stimulera l'apprentissage lui-même.

Rechercher des structures

La recherche de structures est à cheval sur les intelligences *logique/mathématique* et *naturaliste*. Qu'elles soient naturelles ou artificielles, les structures sont partout : dans l'art et dans le papier peint, dans la forme des arbres et dans les cristaux, dans les mélodies et dans les chansons, dans les dictionnaires et dans les annuaires, dans le déroulement d'un roman, dans les cellules du corps et dans les comportements sociaux.

Cette recherche de structures développe également la finesse de l'observation et la capacité d'abstraction. Plus particulièrement, on pourra proposer à l'enfant de classer des éléments de la leçon selon certaines caractéristiques communes, en fonction d'un système de classification qu'il aura lui-même mis au point.

Et d'autres manières de faire :

- rechercher la structure interne d'un phénomène, d'un processus, d'une machine, d'une construction ;
- regrouper des éléments de la leçon ;
- faire des analogies entre la leçon et des processus naturels (fonctionnement du corps humain, comportements des animaux, etc.).

© Groupe Eyrolles

UN MOMENT DE RÉFLEXION

Pour un bon apprentissage : la métacognition

L'importance de la pensée métacognitive – c'est-à-dire réfléchir sur sa manière de penser, d'agir ou de réfléchir – est maintenant souvent soulignée par les chercheurs et les pédagogues. Ainsi, apprendre aux enfants à réfléchir sur leurs propres processus de pensée et d'apprentissage est extrêmement bénéfique pour l'ensemble de leur scolarité. Cela tend à stimuler leur motivation et les aide à devenir de meilleurs apprenants toute leur vie. De plus, cela les encourage à se considérer comme des partenaires dans leur propre éducation, plutôt que comme des consommateurs passifs, ou pire, comme des victimes.

En particulier, les enfants qui intègrent le modèle des intelligences multiples seront plus à même de comprendre leur manière d'apprendre et d'agir. Ils pourront progressivement adapter leur manière de faire, choisir les meilleures stratégies cognitives, et concevoir des buts réalistes en utilisant au mieux leurs intelligences fortes, tout en tenant compte de leurs faiblesses dans certaines intelligences.

LE COIN DES PÉDAGOGUES

Jean Itard : le principe d'éducabilité

Médecin, Jean Itard (1774-1838) est resté célèbre pour s'être occupé de Victor, « l'enfant sauvage » recueilli en 1800 dans l'Aveyron. Le monde de l'époque considère Victor comme un enfant « débile », donc impossible à éduquer. Jean Itard va relever le défi. Il va éduquer Victor, avec une conviction inébranlable : tout individu, quels que soient ses difficultés et ses handicaps, peut être éduqué ; il n'y a pas de fatalité, pas de résignation acceptable. C'est le refus de l'exclusion du cercle de l'humain de ceux « qui n'y arrivent pas ».

Pour Jean Itard, chercher à éduquer celui considéré comme inéducable nécessite bien entendu d'inventer d'autres méthodes pédagogiques, de chercher des solutions.

Mais ce principe d'éducabilité ne doit pas être imposé de force : il faut respecter la liberté de celui qu'on éduque, qui doit rester maître de ce qu'il va apprendre ou ne pas apprendre.

© Groupe Eyrolles

Chapitre 8

Favoriser et entretenir l'envie d'apprendre

Questions et remarques sur l'envie d'apprendre

« *Si cela ne vous amuse pas, c'est que vous vous y prenez mal.* »
John F. Kennedy

De quoi dépend l'envie d'apprendre ?

Le petit enfant avant l'école : en voilà un qui ne se pose pas la question d'avoir (ou non) envie d'apprendre. L'envie d'apprendre lui est naturelle, sans doute parce qu'elle lui est vitale : n'ayant qu'un faible bagage d'instincts, contrairement aux animaux, il est essentiel pour lui d'« absorber » tout ce qui passe à sa portée.

Pourquoi alors, en grandissant, cette envie d'apprendre se tarit-elle souvent ? Pourquoi cet arrêt brutal de l'envie d'apprendre se passe parfois dès les premières semaines de maternelle ? Et pourquoi ensuite cette envie d'apprendre ne s'applique que de moins en moins aux matières enseignées à l'école ? Voilà quelques questions qu'il s'agit d'éclaircir, sans entrer dans des débats contradictoires (car, sur ces questions, les avis sont *très* partagés).

© Groupe Eyrolles

L'envie d'apprendre, en tout cas et comme toute « envie », ne se commande pas. On l'a ou on ne l'a pas. Et surtout, elle dépend de nombreux paramètres. Ce qui est à apprendre, est-ce obligatoire ou non ? Comment cela est transmis ou enseigné ? Quel rapport l'enfant établit-il entre le sujet à apprendre et sa vie ?, etc. Tel enfant, complètement démotivé dans telle matière du programme, aura une envie et un enthousiasme extrêmes pour apprendre telle autre chose, à l'école ou en dehors de l'école.

L'envie d'apprendre n'est pas non plus forcément liée à des choses *faciles* à apprendre. Souvent, bien au contraire, elle stimule les efforts pour réussir un apprentissage. Et inversement, est-il vrai qu'imposer des efforts à un enfant lui donne l'envie d'apprendre ? La réponse serait : « Ça dépend »...

On distinguera également *l'envie d'apprendre* et la *motivation*, plus longuement détaillée au chapitre 10 : on peut être motivé à faire quelque chose (aller tous les mardis soir à la piscine, pour rester en bonne forme) sans vraiment avoir envie de le faire.

Faut-il forcer un enfant à apprendre ?

Autres questions : faut-il avoir envie d'apprendre pour apprendre à l'école ? Doit-on se forcer à apprendre, et doit-on forcer l'enfant à apprendre ? L'enfant doit-il s'intéresser à tout, ou doit-il se focaliser sur les domaines qui l'attirent vraiment ? Plutôt que d'entrer, là encore, dans des débats contradictoires, on peut poser la question autrement : comment permettre à l'enfant de garder cette fringale d'apprendre, qui lui fera naturellement absorber tout ce qui passe à sa portée, comme une éponge s'imbibe de l'eau qui est à proximité ?

Pour cela il est important, nous l'avons vu, de développer chez l'enfant des *points d'ancrage*, c'est-à-dire des connaissances simples sur des sujets aussi nombreux et variés que possible. Plus tard, les connaissances futures et les apprentissages pourront s'accrocher plus facilement sur ces points d'ancrage.

© Groupe Eyrolles

Comme avec les intelligences multiples, on pourra également garder l'idée de *faire des ponts*, c'est-à-dire de s'appuyer sur les domaines qui intéressent vraiment l'enfant pour le mener vers des apprentissages qui l'attirent moins[1].

À l'occasion, l'adulte pourra aussi se poser la question : « N'étant que rarement ou jamais forcé d'apprendre quelque chose dans des conditions similaires à l'école (sujet d'apprentissage imposé, avec tensions, stress, contrôles des connaissances, etc.), comment puis-je justifier aux yeux de mon enfant le fait qu'il est obligé d'apprendre ? »

Rapport entre compétences, niveau d'apprentissage et envie d'apprendre

L'envie d'apprendre se situe quelque part entre deux paramètres :

- entre les compétences de l'enfant, d'une part ;
- et le niveau de difficulté de l'apprentissage, d'autre part.

Les fabricants de jeux vidéo l'ont bien compris : les jeux sont conçus pour être en permanence sur la ligne étroite entre le facile et le difficile, en fonction des compétences progressivement acquises par le joueur.

© Groupe Eyrolles

1. C'est une stratégie couramment utilisée dans certaines formations pour adultes. Par exemple, on développera la lecture chez des adultes en difficulté en utilisant des livres ou des documents qui les intéressent : manuel pratique lié à leur métier, revue de football, magazine, etc.

Compétence de l'enfant	Niveau de l'apprentissage	État de l'enfant
Forte	Élevé	« Ça roule, je m'éclate »
Forte	Assez élevé	« Ça marche, je maîtrise »
Forte	Plutôt bas	« Bof, c'est cool »
Forte	Très bas	« Je m'ennuie »
Assez forte	Élevé	Stimulé
Assez faible	Élevé	Anxieux
Faible	Élevé	En échec

La courbe d'un apprentissage

Un apprentissage n'est jamais linéaire, et il faut accepter – et même utiliser – les creux et les bosses que l'on rencontre dans tout apprentissage. L'envie d'apprendre, également, peut subir des variations. Voici un exemple de courbe d'apprentissage.

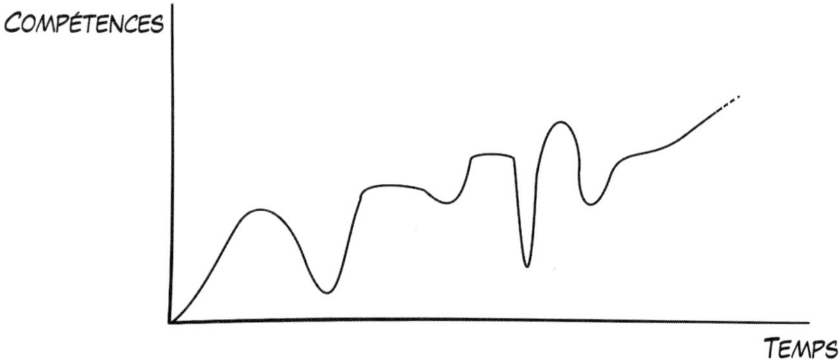

On pourra remarquer sur cette courbe que :

- un apprentissage complètement nouveau suscite en général de l'intérêt, et permet au début une progression rapide ;
- régulièrement, il y a des périodes de plateaux, l'élève a le sentiment de piétiner, de ne plus faire de progrès ;
- au fil du temps apparaissent des creux plus ou moins profonds et plus ou moins importants. Ces creux peuvent avoir

© Groupe Eyrolles

un aspect positif, permettant de relancer l'apprentissage et d'aller plus haut. Mais ils mettent également en danger la démarche d'apprentissage, avec un risque d'abandon. L'enseignant et/ou le parent devra être particulièrement vigilant dans ces phases de creux pour soutenir et encourager l'enfant.

Il est important d'expliquer à l'enfant que ce processus est naturel, qu'il est normal d'avoir des hauts et des bas lorsque l'on apprend. En repérant par lui-même ces variations, il apprendra ainsi à être plus responsable de son apprentissage.

Entretenir l'envie d'apprendre

(Re)devenir curieux

La curiosité est un moteur très puissant pour donner l'envie d'apprendre : quand on est curieux, on veut toujours en savoir plus. Et ainsi, d'une manière presque naturelle, on apprend.

La curiosité s'éduque et se construit. Dès sa naissance, les parents vont ouvrir l'enfant au monde et l'aider à le comprendre et à le décrypter. Si l'enfant a la chance d'avoir des parents curieux de tout, des idées comme des machines, des lieux comme des personnes, il aura de grandes chances de développer cette curiosité et d'en faire un moteur essentiel de sa vie. Et, avec l'explosion des moyens de connaissance actuels, il aura toutes les facilités pour contenter et attiser sa curiosité.

Par exemple, un enfant s'intéressera plus aux sciences s'il sent que ses parents (et des adultes autour de lui) sont eux-mêmes intéressés par les sciences, même s'ils se considèrent comme « mauvais » en sciences. S'il a des parents qui ne s'intéressent pas à grand-chose, ou uniquement à une chose très précise au détriment de tout le reste (le cinéma, le football, l'Égypte ancienne, la cuisine, etc.), l'enfant aura plus de mal à développer cette curiosité ouverte.

© Groupe Eyrolles

La curiosité sous son aspect physiologique

La curiosité est un état physiologique particulier, qui induit des modifications dans notre posture, notre attitude, nos mouvements oculaires, et qui déclenche des réactions chimiques favorisant l'attention, l'apprentissage et la mémorisation.

Donner du sens à son apprentissage : « À quoi ça sert ? »

La *recherche du sens* est au cœur de la notion d'apprentissage. Rechercher le sens de ce que l'on fait est même un élément fondateur de l'être humain, et toute action à laquelle on n'arrive pas à donner un sens, aussi minime soit-il, déclenche malaise, interrogation, refus, révolte. L'école, ici, est tout particulièrement visée : c'est un lieu où, bien souvent, l'on doit apprendre sans que cela ait un sens pour celui qui apprend. Et il est évidemment souhaitable que ce soient les enseignants eux-mêmes qui donnent sens et cohérence à ce qu'ils enseignent aux élèves. Ce n'est pas toujours le cas – et ce n'est pas toujours facile.

Alors, comment répondre à la question traditionnelle des enfants : « À quoi ça sert ? », que l'on soit enseignant ou parent ? Peut-être en ne donnant pas de réponse définitive...

Il y a les manières classiques de répondre :

- Les réponses *expéditives* : « Parce que c'est comme ça, et fous-moi la paix ! » ou « Tu comprendras plus tard », sont peu satisfaisantes pour l'enfant.
- Les réponses *utilitaires* : « Pour avoir de bonnes notes », « Pour passer dans la classe supérieure », « Pour passer ton bac », « Pour avoir un beau métier plus tard » se justifient dans la mesure où chacun sait que, pour avoir un métier, il faut passer des examens et que, pour réussir à des examens, il faut avoir de bonnes notes. Et cela peut être une motivation très forte, en particulier lorsque l'enfant sait quel métier il voudrait exercer.
- Les réponses *grand méchant loup* : « Pour ne pas devenir chômeur », « Pour ne pas devenir un raté comme ton oncle Cyprien ».

© Groupe Eyrolles

- Les réponses *à thème* : philosophique (pour la nécessité de comprendre), esthétique (pour découvrir de belles connaissances), historique (pour découvrir et enrichir plus tard le patrimoine des connaissances), métaphysique (pour faire avancer l'humanité), religieuse (parce que c'est la volonté divine).

En fait, aucune réponse n'est satisfaisante pour tout le monde. Et puis, la réponse à cette question peut changer au fil des jours, des semaines et des années. On peut donc proposer à l'enfant de laisser cette question ouverte, c'est-à-dire de ne pas lui donner une réponse définitive dans l'instant, mais de l'aborder régulièrement, et éventuellement de noter l'évolution de sa réponse.

Mais attention à cette question du sens : les mathématiques à l'école, par exemple, n'ont pas vocation première à « servir à quelque chose ». Elles servent avant tout au développement de la logique et de la rigueur du raisonnement. Et, d'une manière plus générale, l'école n'a pas pour but premier de préparer l'enfant au monde du travail. Et pour être à même de répondre à l'enfant, peut-être est-il souhaitable que l'enseignant et le parent se posent aussi cette question du sens vis-à-vis d'eux-mêmes : « Quel sens est-ce que je donne à mon métier, pourquoi suis-je là devant ces élèves ? » ou « Quel sens est-ce que je donne à mon travail, à ma fonction de parent ? ».

Vivre l'apprentissage dans la durée

Un apprentissage se fait dans le temps : il y a un *avant*, un *pendant* et un *après*. Cette notion de temporalité dans l'apprentissage est importante à prendre en compte, par l'enseignant comme par le parent.

Un avant

La préparation d'un apprentissage futur est souvent négligée. Lorsque l'enfant sait qu'il étudiera telle notion dans une semaine ou un mois, il peut déjà commencer à construire sa propre structure mentale sur le sujet, si possible avec l'aide de

© Groupe Eyrolles

ses parents. Profitez d'une réunion de parents d'élèves pour demander aux enseignants de prévenir à l'avance des prochains chapitres qui seront étudiés.

Un pendant

Une fois l'enfant plongé à l'école dans le sujet à apprendre, le parent peut l'aider non pas sur le sujet lui-même (où il est rarement suffisamment compétent), mais d'une manière périphérique. Il peut :

- se faire expliquer par l'enfant ce qu'il a appris (c'est un moyen efficace de permettre à l'enfant de « montrer ce qu'il sait » – ou ce qu'il ne sait pas) ;
- l'aider à structurer ce qu'il est en train d'apprendre, l'aider à construire sa propre structure mentale ;
- l'aider à enrichir l'information (livres disponibles à la maison, Internet, experts disponibles à proximité, bibliothèques, etc.) ;
- l'aider à organiser son temps pour assimiler au mieux ces nouvelles connaissances ;
- l'aider à mémoriser.

Un après

On constate souvent chez les enfants « l'effet chasse d'eau » déjà évoqué : on apprend pour un contrôle, et l'on oublie aussitôt après. Là encore, en utilisant les impromptus de la vie de tous les jours, les parents peuvent enrichir les apprentissages passés de l'enfant en lui rappelant telle ou telle chose qu'il a apprise : « Tiens, ce film se passe en Égypte, que tu as étudiée il y a un mois », « Tiens, on vient de lancer un nouveau satellite pour se poser sur Mars. Te souviens-tu de ton cours sur le système solaire ? ».

© Groupe Eyrolles

Se poser des questions, utiliser des questions plutôt que des réponses

Il est une étape du développement de l'enfant qui réjouit (et parfois déstabilise) les parents, c'est la période des « pourquoi ? ». C'est une période d'intense curiosité, qui joue un rôle crucial dans le développement intellectuel de l'enfant. Pourquoi ne pas entretenir cette « questionnite » aiguë ?

Les questions vues du côté du cerveau

Quand il s'agit d'apprendre, le cerveau est plus réceptif aux questions qu'aux réponses. Pourquoi ? D'abord parce que lorsque l'on se pose des questions, on a envie d'avoir des réponses, on veut « en savoir plus », on entre dans une démarche active et stimulante. Ensuite, lorsque nous nous posons des questions, le cerveau travaille sur ces questions d'une manière continue et ouverte, alors qu'une réponse (surtout si elle est assenée par une personne extérieure) ferme le sujet. Enfin, les questions permettent de créer des « points d'ancrage » qui formeront la trame des connaissances futures.

Encourager l'enfant à se poser des questions

Dans la manière « classique » d'enseigner, il y a souvent peu de place pour les questions, et encore moins pour des réponses diverses et décalées. En général, il n'y a qu'une bonne réponse et une seule bonne manière de faire, celle donnée par l'enseignant.

Pourtant, les questions sont bien souvent plus importantes que les réponses. Ce sont les questions qui nous permettent d'aller toujours plus loin, et c'est cette capacité à poser des questions qui, toute la vie, nous donnera envie et nous permettra de continuer à apprendre.

© Groupe Eyrolles

Ainsi, par la suite, lorsque l'enfant découvrira effectivement le sujet à l'école, il aura un sentiment de familiarité avec lui et sera plus attentif, car recherchant des réponses à ses questions.

Ne soyez pas gêné si vous ne parvenez pas à répondre à certaines questions. Les enfants adorent trouver des réponses à des questions auxquelles un adulte peine à répondre. Vous pouvez dire : « Là, ça, c'est une bonne question, je sèche ! On va essayer de trouver une réponse. »

Dans le travail scolaire, proposez régulièrement à votre enfant de faire une liste de questions sur le sujet qu'il doit étudier. Même les questions qui semblent saugrenues peuvent être intéressantes (c'est le principe du brainstorming, ou « remue-méninges »).

Une fois le premier flot de questions noté, vous pouvez les classer avec lui, par exemple sous forme de topogramme[1].

Mais il y a questions et questions : il s'agit de proposer à l'enfant de se poser des questions de bonne qualité. L'ennui naît du manque de curiosité, et ce sont les bonnes questions qui suscitent la curiosité.

« Enseigner »

Pour Célestin Freinet, c'est : ***« L'art de faire émerger les questions et d'accompagner les élèves dans la recherche des réponses. »***

1. Cette démarche de classification met en œuvre « l'intelligence naturaliste » dont il a été question au chapitre 6.

© Groupe Eyrolles

Des questions juteuses[1]

Vous pouvez faire découvrir un jour à votre enfant qu'il y a des questions « qui ont du goût », qui sont « juteuses », et d'autres qui ne le sont pas.

Pour lui faire distinguer la différence, prenez une feuille de papier et faites deux colonnes. Titrez la première : « Juteuses » ; et la seconde : « Pas juteuses ».

Proposez-lui des questions, en lui demandant de dire si, à son avis, ces questions sont juteuses ou non. Selon sa décision, écrivez-les dans la colonne correspondante :

- Où es-tu né(e) ? (pas juteuse)
- Si tu étais né(e) dans un autre endroit et avais été élevé(e) dans une autre famille, qu'est-ce qui aurait été différent ? (juteuse)
- Quels sont les membres de ta famille ? (pas juteuse)
- Où vis-tu ? (pas juteuse)
- Où aimerais-tu vivre idéalement ? (juteuse)
- Peux-tu nommer quelques-uns de tes amis ? (pas juteuse)
- Qu'est-ce qu'un bon ami ? (juteuse)

Amenez-le à comprendre qu'une question juteuse nécessite plus de réflexion pour y répondre. S'il peut répondre facilement à la question, presque sans réfléchir, ou bien rapidement en regardant dans un livre ou un dictionnaire, c'est que la question n'est pas juteuse. Si la question peut avoir de nombreuses réponses, selon les points de vue de ceux qui y répondent, alors elle est juteuse.

Ensuite, il sera intéressant de trouver avec lui des questions juteuses et non juteuses sur n'importe quel sujet qu'il étudie :

- Qu'est-ce qui a poussé les gens à faire la Révolution en 1789 ? (juteuse)
- À quelle date s'est formée la Constituante ? (pas juteuse)
- En quoi un organisme vivant est-il comparable à une ville ? (juteuse)
- Quelles sont les composantes d'une cellule ? (pas juteuse)

Parfois, votre enfant réalisera que certaines questions tombent dans les deux catégories, selon la manière dont on y répond. Par exemple, à la question : « Quelle est la capitale du Brésil ? », on peut répondre « Brasilia » et s'en tenir là, ou bien

1. D'après Bonita DeAmicis.

© Groupe Eyrolles

compléter en découvrant comment est née cette capitale au milieu de nulle part – et au cœur du Brésil.

À l'occasion, vous pouvez proposer à votre enfant de créer un poster sur une question particulièrement juteuse, avec un espace pour la question, et un endroit pour la réponse. Transcrire en images une idée ou une question est un moyen efficace de réfléchir dessus.

Il sera bien entendu particulièrement intéressant pour l'enfant de se poser des questions juteuses *avant* que le sujet ne soit étudié à l'école. Pour cela, il faut suggérer à l'enseignant de prévenir ses élèves quelques jours à l'avance du prochain chapitre qui sera traité.

De même, jouez le jeu en tant qu'adulte et parent : posez-vous des questions et exprimez-les lors de moments partagés avec votre enfant ou en famille.

Questions ouvertes, questions fermées

On peut également remarquer qu'il y a des questions *fermées* et des questions *ouvertes*. Souvent, les questions fermées ne sont pas très juteuses, les questions ouvertes le sont.

Les **questions fermées** sont celles pour lesquelles il n'y a qu'une seule bonne réponse. En général, on répond à ces questions en faisant appel à sa mémoire.

Pour construire une question fermée, un bon moyen est de commencer avec un mot interrogatif ou une forme interrogative :

- Combien... ?
- Comment... ?
- Quel(le) est... ?
- Quand... ?
- Où... ?

Les **questions ouvertes** peuvent avoir plusieurs réponses acceptables. Souvent, ces questions permettent de comparer différentes réponses possibles, et de choisir celle que l'on considère comme la meilleure.

© Groupe Eyrolles

Voici quelques questions types permettant de construire des questions ouvertes. Il suffit de remplacer les mots barrés par votre propre contenu.

- En quoi ~~le fonctionnement du corps humain~~ est-il comparable au ~~fonctionnement d'une ville~~ ?
- Quels moyens ~~Christophe Colomb~~ a-t-il utilisés pour ~~convaincre la reine Isabelle d'organiser son expédition~~ ?
- Et si ~~les fossiles disparaissaient au bout de cent ans~~ ?
- Comment penses-tu que ~~De Gaulle~~ réagirait à ~~la guerre en Irak~~ ? Pourquoi penses-tu cela ?
- En quoi ~~Internet~~ permet-il ~~d'apprendre d'une manière plus approfondie~~ ?
- De quelle manière pourrait-on ~~convaincre les Occidentaux de respecter plus la nature~~ ?
- Quelles seraient les implications si ~~l'on supprimait l'usage du téléphone portable aux mineurs~~ ?
- Quels sont les bénéfices ~~du travail en équipe~~ ?
- Quels sont les inconvénients de ~~l'e-learning~~ ?
- Quelle analogie peut-on trouver pour réfléchir à ~~une nouvelle organisation des tâches familiales~~ ?
- Quelle solution efficace pourrait-on trouver au problème ~~du surremplissage des transports en commun aux heures de pointe~~ ?
- Quelle serait la meilleure stratégie à employer pour ~~diminuer la consommation d'alcool et de drogues chez les jeunes~~ ? Pourquoi ?
- Quelle est la différence essentielle entre ~~la vie en ville~~ et ~~la vie à la campagne~~ ?
- Quelle est la cause principale de ~~la violence à l'école~~ ? Pourquoi penses-tu cela ?
- Qu'arriverait-il si ~~l'école n'était que le matin~~ ?
- Pourquoi ~~une punition peut-elle produire des effets imprévisibles~~ ?
- En quoi ~~l'honnêteté~~ est-elle importante ?

Dessiner pour se poser des questions

Un autre moyen pour faire émerger un grand nombre de questions est l'utilisation du dessin. Lorsque l'on demande à un enfant de dessiner ce qu'il ne sait pas encore, il va bien sûr d'abord refuser, justement parce qu'il ne connaît rien au sujet. Une fois convaincu, il va alors dessiner « n'importe quoi », mais cette activité va déclencher un grand nombre de questions. Que cela soit l'étude des fractions, d'une boussole, de l'Union européenne, des nombres complexes, des points cardinaux ou du *Médecin malgré lui*, de très nombreux sujets peuvent ainsi être abordés. Nous verrons plus en détail cette manière de faire au chapitre 13.

© Groupe Eyrolles

UN MOMENT DE RÉFLEXION

Et vous, aimez-vous encore apprendre ?

Penser à votre enfant, c'est bien. Mais vous, aimez-vous encore apprendre ? Êtes-vous prêt à de nouvelles aventures d'apprentissage, dans des domaines variés, ou avez-vous des stratégies d'évitement bien rodées, comme : « Cela coûte trop cher », « Je n'ai pas le temps », « Je n'y arriverai pas », ou autres ? On peut apprendre, adulte, le violon et y prendre plaisir, même si on ne devient pas un concertiste célèbre. Ou bien on peut apprendre tel sport, telle langue étrangère, s'intéresser de près à telle branche scientifique.

L'un des obstacles majeurs à cela est souvent le souvenir de l'école. Alors, découvrez que l'on peut apprendre autrement qu'à l'école, avec des efforts-plaisir et sans efforts-souffrance.

Et si, après tout, comme premier pas, vous appreniez pour de vrai ce que votre enfant doit apprendre ce soir, en même temps que lui ? Et si vous inventiez avec lui des manières riches et plaisantes d'apprendre sa leçon de géographie ou son cours de physique ? Peut-être pas tous les jours, pour commencer, mais de temps en temps ? Juste pour voir ce que ça fait d'apprendre des choses pour de vrai, si vous l'avez oublié. Et le plaisir que l'on peut en tirer...

LE COIN DES PÉDAGOGUES

Célestin Freinet : faire vraiment travailler les élèves

Comment faire boire un cheval qui n'a pas soif ? C'est la question à laquelle Célestin Freinet va consacrer sa vie. Car il est convaincu que les enfants ont envie d'apprendre, de réfléchir, de travailler : il suffit de les observer lorsqu'ils jouent, à l'intérieur comme à l'extérieur. Pourquoi, alors, ne retrouve-t-on pas à l'école cette énergie et cette obstination qu'ils investissent dans leurs jeux ?

D'après Célestin Freinet, si les élèves s'ennuient à l'école, ce n'est pas parce qu'on leur impose de travailler, c'est parce qu'on ne les fait pas *vraiment* travailler. Alors, dit-il, mettons les élèves au travail, et donnons-leur des tâches qui ont du sens.

© Groupe Eyrolles

Sa classe va évoluer vers l'atelier ou le laboratoire, et s'éloigner de plus en plus de la « classe sanctuaire » traditionnelle. Il va chercher comment susciter la curiosité de ses élèves, pour les mobiliser et pour les motiver. Il introduit par exemple la correspondance scolaire et l'imprimerie dans la classe. Dans le plaisir de fabriquer un journal, les enfants apprennent naturellement tout ce qu'il faut savoir pour rédiger un article : l'orthographe, le style, les règles de grammaire.

Mais s'il privilégie les activités collectives, il est également attentif à la progression et aux apprentissages de chacun. Pour contrebalancer les dangers potentiels du travail en groupe, il introduit un système de brevets individuels obligatoires, que tous les élèves devront passer.

© Groupe Eyrolles

Chapitre 9

Faciliter la mémorisation

La mémorisation tient en général une part importante dans un apprentissage, parfois même une trop grande place : car apprendre, ce n'est pas seulement mémoriser, c'est aussi se poser des questions, réfléchir, comparer avec d'autres domaines de connaissance... Il existe d'innombrables livres sur la mémoire et sur la mémorisation. Explorons quelques pistes pratiques, simples à expliquer et à mettre en œuvre, et qui peuvent être d'une grande efficacité.

Différentes sortes de mémoires

Concernant la mémoire, on s'intéresse souvent à la mémoire *à court terme* et à la mémoire *à long terme*. La première, c'est la mémoire de l'instant, de ce que l'on vit, de ce que l'on écoute, de ce que l'on découvre. Une bonne partie de ce qui se stocke dans cette mémoire disparaît dans les minutes ou les heures qui suivent. La seconde, c'est le stockage longue durée, que l'on peut utiliser des mois ou des années après.

Dans un apprentissage, et en particulier à l'école, il s'agit de faire passer les nouvelles connaissances de la mémoire à court

© Groupe Eyrolles

terme (les connaissances acquises durant les cours) vers la mémoire à long terme. Sinon, une fois de plus, nous retrouvons « l'effet chasse d'eau ». Pour faciliter cette mémorisation à long terme, voici quelques idées :

- mémoriser avant tout les *mots clés* ou les *idées clés* qui structurent le nouvel apprentissage ;
- utiliser des *approches variées*, et *activer* les nouvelles connaissances ;
- *être détendu* : la mémoire à long terme s'ouvre plus facilement après un exercice de détente physique et mentale ;
- *mettre en images* les connaissances nouvelles : on retient beaucoup plus facilement une image ou une scène vivante qu'un concept pur ou qu'une suite linéaire de paragraphes ;

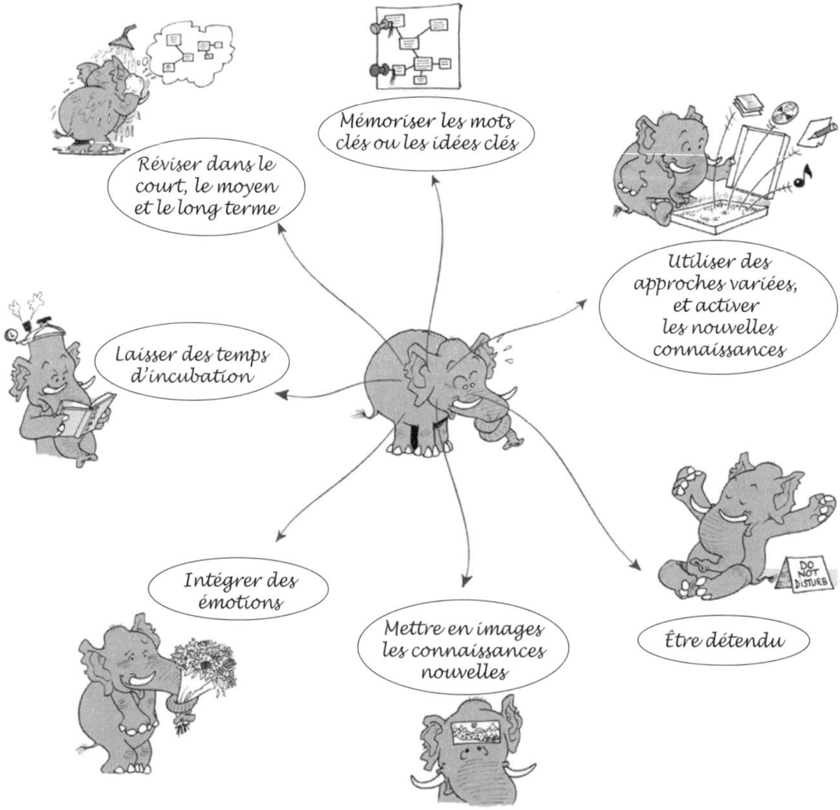

© Groupe Eyrolles

- *intégrer* dans l'apprentissage des *émotions*, qui facilitent l'accès à la mémoire à long terme ;
- laisser des *temps d'incubation*, pendant lesquels le cerveau structure les nouvelles informations ;
- *réviser* dans le court, le moyen et le long terme.

Pour mémoriser, différentes techniques existent, qui « marchent » plus ou moins bien selon les individus. La plus connue est le *rabâchage* : on considère que répéter indéfiniment quelque chose, ou « le copier 100 fois », est un moyen sûr de le mémoriser. Théorèmes de mathématiques, règles de grammaire, verbes irréguliers d'anglais : qui n'a pas vécu la technique du rabâchage ? Dans bien des cas, c'est pourtant une technique de mémorisation peu efficace, et une manière d'apprendre peu « intelligente ». Explorons d'autres manières de faire[1].

Mémoriser avec des manipulations

Les cartes flash

Très connue dans le monde anglo-saxon, la technique des cartes flash combine manipulation et mémorisation. On peut l'utiliser lorsqu'il y a des faits à mémoriser, c'est-à-dire lorsqu'il n'y a qu'une bonne réponse à une question, comme : « Quelle est la capitale de la Bulgarie ? Sofia. »

Voilà comment faire...

© Groupe Eyrolles

1. On trouvera la description détaillée de certaines de ces techniques dans l'ouvrage du même auteur *Au bon plaisir d'apprendre* (voir « Bibliographie et sources commentées » en fin d'ouvrage).

Première étape : la préparation

1. Construisez avec votre enfant trois boîtes ouvertes, de même taille et de couleurs différentes (par exemple une bleue, une rouge et une verte). Mettre les trois boîtes côte à côte. Elles serviront chaque fois que votre enfant utilisera des cartes flash.[1]
2. Faites découper par votre enfant des petites fiches rectangulaires dans du papier assez épais ou du bristol (16 petites fiches dans une feuille A4).
3. Proposez-lui d'écrire sur chaque fiche un élément à mémoriser : sur une face la question (Quelle est la capitale de la Bulgarie ?), sur l'autre la réponse (Sofia). Demandez-lui d'écrire gros, avec des couleurs bien voyantes : cela permet d'utiliser également la « mémoire photographique ».

Seconde étape : la manipulation

Puis expliquez-lui la manipulation à effectuer :

1. Mélanger toutes les cartes entre elles, à la fois l'ordre des cartes, mais également en retournant des cartes, de manière à obtenir soit des questions, soit des réponses, d'une façon aléatoire.
2. Mettre toutes les cartes dans la boîte de gauche.
3. Prendre la première carte qui est sur le dessus.
4. Lire ce qui est sur la face de dessus, et donner la réponse correspondante (s'il s'agit d'une question), ou la question correspondante (s'il s'agit d'une réponse).
5. Vérifier, en retournant la carte :

- s'il ne s'est pas trompé, il met la carte dans la deuxième boîte, celle du milieu ;
- s'il s'est trompé, il remet la carte à l'intérieur de la pile de cartes.

Ainsi, progressivement, toutes les cartes vont passer de la première boîte de gauche vers la boîte centrale.

6. Lorsque toutes les cartes sont dans la boîte centrale, on réitère le processus : mélanger les cartes, prendre la carte du dessus, etc.

- S'il répond correctement, la carte passe dans la troisième boîte, à droite.
- S'il s'est trompé, la carte revient dans la première boîte, à gauche.

Au bout d'un certain temps, la boîte du milieu va se retrouver vide, et il y aura des cartes dans la boîte de gauche, et d'autres dans la boîte de droite.

7. Recommencer l'ensemble du processus avec les cartes qui sont retournées dans la boîte de gauche, jusqu'à ce qu'elles arrivent dans la boîte de droite, *via* la boîte centrale.
8. Lorsque toutes les cartes sont bien arrivées dans la boîte de droite, le processus est terminé. On peut alors :

- soit reprendre une nouvelle fois l'ensemble du processus ;
- soit mettre un élastique autour des cartes, et les mettre de côté pour un usage ultérieur.

1. Plus simplement, on peut symboliser ces trois boîtes en dessinant sur une feuille de papier trois grands rectangles accolés, de couleurs différentes.

© Groupe Eyrolles

L'intérêt des cartes flash

- On découpe, on écrit avec des couleurs, on manipule : les enfants adorent ça.
- Le processus permet de mettre rapid ment à l'écart les cartes que l'on connaît bien, et d'insister sur celles que l'on connaît mal.
- On peut « réviser » souvent et facilement, dès que l'on a un moment de libre, en emportant avec soi un ou plusieurs paquets de cartes.

Conseils

- Suggérez à votre enfant de mélanger des cartes de différentes matières (formules de mathématiques, mots de langues étrangères, dates d'histoire, définition de géographie, etc.). L'effet de surprise créé à chaque carte tirée évite la monotonie ; le cerveau adore ça.
- Proposez à votre enfant de rajouter sur les cartes des dessins, liés à ce qui doit être retenu : l'image aide à mémoriser.
- Incitez votre enfant à utiliser des jeux de mots, des associations d'idées, des calembours pour retenir le contenu des cartes (par exemple « Bulgarie » pourra être relié à un yaourt, « Sofia » à sa copine Sophie).
- Ne pas dépasser 20 à 30 cartes chaque fois.
- Proposez un rythme de répétition à court, moyen et long terme, comme celui du 10/48/7 : dans les 10 minutes, dans les 48 heures, dans les 7 jours.

Utiliser des jeux connus

Les petits enfants utilisent beaucoup le jeu pour apprendre. Pourquoi ne pas utiliser le plaisir du jeu pour faciliter la mémorisation ? On peut, par exemple, utiliser des jeux connus pour mémoriser : on garde les règles du jeu (ou on les modifie), et l'on y met son propre contenu, c'est-à-dire ce que l'on doit apprendre.

Prenons pour exemple le jeu du Memory. Il se présente comme un ensemble de petits cartons, chaque carton représentant, sur l'une des faces, une image. Et la même image est représentée deux fois, sur deux cartons différents. On mélange tous les cartons – les faces avec image étant cachées –, puis on les étale. Chaque joueur, quand vient son tour, retourne deux car-

© Groupe Eyrolles

tes : si elles sont identiques, il les retire du jeu et les met à côté de lui ; si elles sont différentes, il les remet à leur place et tente de mémoriser leur emplacement.

Pour un Memory adapté :

1. Faites découper par votre enfant des petites cartes ou des bouts de papier de formes identiques.
2. Préparez avec lui deux cartes pour chaque mot ou notion à mémoriser. Sur l'une des cartes, faites-lui écrire la question, et sur l'autre la réponse. Une couleur différente ou un symbole différent sur le dos de chaque carte permet de savoir si c'est une question ou une réponse.
3. Étalez les cartes retournées.
4. Chaque joueur, quand vient son tour, retourne deux cartes, une de chaque type (une carte question et une carte-réponse). Le but est de retourner les deux cartes qui se correspondent.
5. On peut modifier les règles pour rendre le jeu plus intéressant. Par exemple, si les deux cartes ne se correspondent pas, le joueur peut cependant rejouer une fois s'il parvient à indiquer correctement quelles sont les cartes complémentaires des deux cartes qu'il a retournées.
6. À la fin, le gagnant est celui qui a le plus de cartes.

D'autres jeux connus se prêtent à ce type de mémorisation, par exemple les dominos.

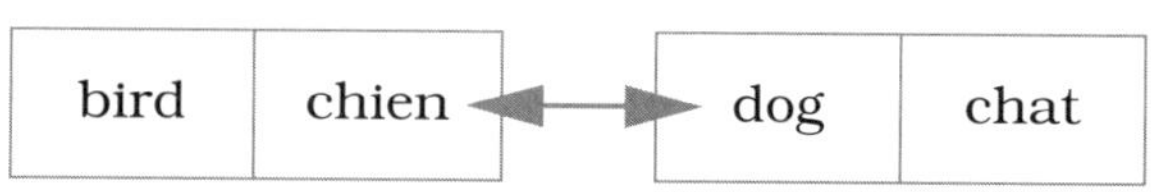

Des jeux (comme le Trivial Pursuit) peuvent également être transformés : on conserve les règles (en les adaptant) et on change le contenu des cartes.

Pour aider à la mémorisation, on peut aussi trouver des idées dans les jeux télévisés (en les adaptant), par exemple *Questions pour un champion*. On évitera de choisir des jeux à récompenses (*Voulez-vous gagner des millions ?*), ou basés sur l'exclusion (*Le Maillon faible*). Mais attention : ne proposez pas des jeux trop longs ; ils doivent être rapides et pouvoir être joués en quelques minutes.

© Groupe Eyrolles

Faire des topogrammes pour mieux mémoriser

Une leçon mise sous forme de topogramme est beaucoup plus facile à mémoriser qu'une leçon proposée sous forme linéaire, et présente de nombreux avantages :

- la création du topogramme nécessite de bien comprendre la leçon ;
- la recherche d'illustrations pour les idées principales (et éventuellement pour certaines idées secondaires) donne l'occasion de réfléchir en profondeur sur ces idées, et de les relier à des éléments personnels ;
- l'utilisation de couleurs et d'une « image globale » de la leçon fait travailler d'une manière privilégiée l'hémisphère droit du cerveau, et favorise la mémoire photographique ;
- les illustrations, symboles, flèches, etc., favorisent également la mémoire photographique : en particulier, les illustrations permettent de « reconstruire » facilement toute la structure du topogramme ;
- comme on n'emploie que des mots (et non des phrases), on retient l'idée sans être tenté de mémoriser des phrases toutes faites ;
- le topogramme se prête bien à la mémorisation par le biais de la création d'images mentales (voir ci-dessous la « technique de Cicéron »).

Mémoriser avec des images mentales

Une image mentale, c'est une image que l'on crée volontairement dans sa tête. Par exemple, si l'on vous demande de décrire votre salon, vous ferez appel à une image mentale : « Quand on entre chez moi, le salon est à gauche, il y a un canapé de couleur rouge sur la droite, avec une tache sur l'accoudoir. Sur le canapé, il y a deux coussins de couleur blanche, dont un est légèrement déchiré, etc. » Et cette image,

© Groupe Eyrolles

vous pouvez la modifier : vous pouvez imaginer que votre canapé est vert (comme celui de votre voisin), que vous changez la place des meubles, etc.

La mémorisation par le biais de la création d'images mentales donne bien souvent des résultats surprenants. Il y a différentes techniques utilisant les images mentales, en particulier celle dite « de Cicéron ». C'est une technique de mémorisation qui aurait été décrite pour la première fois par Cicéron (il l'employait pour retenir ses discours). Elle permet de mémoriser un certain nombre d'idées dans un ordre précis : mémoriser les grandes lignes d'une conférence ou d'un exposé, les idées principales d'une fiche de synthèse, les propriétés d'un corps chimique, etc. Elle peut être utilement combinée avec l'emploi du topogramme, pour mémoriser les différentes branches principales.

La technique de Cicéron est la suivante :

1. On choisit un lieu ou un trajet que l'on connaît parfaitement (une maison, une pièce, notre table de travail...).
2. On s'imagine en train de se déplacer dans ce lieu parfaitement connu, en passant d'une pièce à une autre, d'un endroit à un autre, ou d'un objet à un autre. En chaque endroit, on se crée une image mentale. Ainsi, on met en scène d'une manière vivante l'idée que l'on souhaite retenir. Pour être efficaces, ces images mentales doivent toujours avoir les caractéristiques suivantes : colorées, exagérées, avec du mouvement.
3. Ensuite, il suffira de se « promener » en imagination dans ce lieu connu pour que chaque image mentale refasse surface et revienne à la conscience, permettant de retrouver toutes les idées à retenir, dans le bon ordre.

Mémoriser avec les intelligences multiples

La théorie des intelligences multiples[1] nous donne également des pistes intéressantes pour faciliter la mémorisation. Puisque nous avons un « bouquet d'intelligences » qui nous est pro-

1. Présentée au chapitre 6.

© Groupe Eyrolles

pre, avec des intelligences fortes et d'autres endormies (ou en développement), pourquoi ne pas utiliser nos intelligences fortes pour mémoriser ?

Par exemple, si un enfant a une intelligence *corporelle/kinesthésique* bien développée, il mémorisera sans doute mieux en faisant appel à cette intelligence, c'est-à-dire s'il a recours au mouvement, aux manipulations, aux mises en scène. Si un enfant a une intelligence *visuelle/spatiale* bien développée, il appréciera et apprendra plus facilement s'il peut utiliser des images mentales.

Voici un exercice utilisant essentiellement les intelligences *verbale/linguistique* et *musicale/rythmique*, qui peut servir à mémoriser une règle ou une formule complexe (sciences, mathématiques, grammaire, etc.). Il s'agit de traduire ce que l'on doit apprendre sous une forme rythmique ou musicale : une chanson, un rap, un slogan, un jingle, un poème, etc.
Pour cela :

1. L'enfant « traduit » ce qu'il doit apprendre sous une nouvelle forme verbale, avec ses propres mots (à vous ou à l'enseignant de vérifier que cette « traduction » est juste et complète, qu'elle englobe tous les points clés à apprendre) et sous la forme qu'il a choisie : couplets et refrain d'une chanson, poème, etc.
2. Puis il ajoute l'aspect musical ou rythmique (rimes, rythme, musique, etc.).
3. Enfin, il apprend et exécute l'ensemble.

Attention : dans ces manières de faire quelque peu décalées, ne jouez pas la médiocrité, mais l'exigence : le résultat doit être de bonne qualité.

Mémoriser avec le corps : l'utilisation du mouvement

Nombre d'enfants mémorisent mieux en utilisant le mouvement. On peut, par exemple :

- mimer ce que l'on est en train de réciter ;
- ou le dessiner « en l'air » et en grand, comme sur un immense tableau. On peut commencer avec un doigt, puis avec une partie du corps (le coude, le nez...).

© Groupe Eyrolles

Pour entraîner l'enfant à répondre vite (par exemple pour les tables de multiplication, les mots d'une langue étrangère, etc.), on peut utiliser la technique dite de la « balle chaude » :

1. Trouver une balle en mousse ou un petit coussin, ou tout autre objet sans danger pour l'enfant et pour l'environnement proche.
2. Se placer environ à deux mètres de l'enfant.
3. Lui envoyer la balle en lui posant une question, par exemple : « 8 fois 9 ? ».
4. Dès qu'il a reçu la balle, l'enfant doit répondre, sans réfléchir, en renvoyant la balle.

Il est possible de jouer à plusieurs : celui qui a reçu la balle (et la question) lance alors la balle à quelqu'un d'autre, en lui posant à son tour une question. On essaye d'établir un rythme assez rapide.

Mémoriser avec le dessin

Le dessin (même si l'on se considère comme « nul en dessin ») peut permettre de mémoriser facilement, en s'appuyant sur des images visuelles créées sous forme de dessins. Cette technique est décrite au chapitre 13.

Raconter ce que l'on vient d'apprendre

Des études ont montré que, lorsque l'on raconte ou écrit ce que l'on vient d'apprendre, on se souvient de quasiment tout ce qui a été dit, à condition de pouvoir le dire *dans n'importe quel ordre.*

Ainsi, vous pouvez demander à votre enfant de faire, aussi rapidement que possible, la liste de tout ce dont il se souvient, *sans respecter l'ordre de la leçon.* Souvent, des enfants qui sont incapables de se rappeler les huit choses à retenir à la fin du chapitre sont capables de se rappeler vingt-trois choses si vous les laissez les reprendre dans l'ordre dans lequel elles leur viennent à l'esprit. C'est une des clés de l'apprentissage « compatible avec le fonc-

© Groupe Eyrolles

tionnement du cerveau » : le cerveau rechigne à tout ce qui est trop linéaire, analytique, figé.

L'utilisation du topogramme, qui n'est pas hiérarchisé, est en particulier un outil très intéressant pour faire réapparaître ce que l'on connaît, dans l'ordre que l'on veut.

UN MOMENT DE RÉFLEXION

Pour ou contre le « par cœur » ?

Voilà encore un sujet susceptible de déchaîner les passions : faut-il ou non faire apprendre à l'enfant des choses « par cœur » ? Avec l'idée que, pour apprendre par cœur, il faut, en général, rabâcher.

Une étude récente indique que le « par cœur » ne favorise en rien la mémoire à long terme. Par contre, la réactivation des connaissances a un effet positif sur la mémorisation. D'un point de vue pédagogique, cela souligne l'importance d'activer régulièrement les connaissances antérieures, sous des formes variées.

Ceci n'est pas un refus du « par cœur » : c'est le refus de l'utiliser d'une mauvaise manière. Par exemple, apprendre « par cœur » un résumé à la fin d'un chapitre n'a pas les vertus pédagogiques que l'on imagine, et empêche l'enfant, nous l'avons vu, de créer sa propre structure mentale.

Par contre, il semble essentiel de connaître « par cœur » :

- ce que l'on utilise fréquemment : tables de multiplication, formules, orthographe des mots ;
- des règles de grammaire et des théorèmes de mathématiques, si possible exprimés par l'élève avec ses propres mots (et vérifiés) ;
- et surtout, sans modération, ce qui enrichit la sensibilité, les émotions, la culture : poèmes, chansons, textes littéraires, citations, extraits de pièces de théâtre, etc.

© Groupe Eyrolles

Joseph Jacotot : enseigner ce que l'on ignore

Faut-il savoir pour enseigner ? Voilà une question dont la réponse semble aller de soi : oui, évidemment, et le plus possible ! Que vaudrait un enseignant qui ne sait pas ce qu'il enseigne ? Pourtant, Joseph Jacotot (1770-1840) ose poser la question, parce que, selon lui, le « maître explicateur » est un « maître abrutisseur » : en expliquant à l'autre, il l'empêche de trouver par lui-même.

Joseph Jacotot découvre cette manière de faire alors qu'il est chargé d'enseigner le français à des étudiants belges dont il ne comprend pas la langue. Il leur demande d'étudier une édition bilingue du *Télémaque* de Fénelon, et, sans explications du maître, les étudiants se révèlent capables d'appréhender le fonctionnement de la phrase en français et de raconter en français ce qu'ils ont compris du roman. Cette expérience le conduit à proposer une méthode « d'enseignement universel » qui s'oppose à la méthode classique : l'individu a la capacité d'apprendre par lui-même, plutôt que de subir passivement le transfert du savoir du maître à l'élève. Le rôle du maître se borne alors à diriger et à soutenir l'attention de l'élève.

Ainsi, pour Joseph Jacotot, tous les hommes peuvent accéder à toutes les connaissances, lorsque l'on fait le pari de leur intelligence et que l'on crée des situations où ils peuvent apprendre.

La méthode Jacotot, comme on s'en doute, donna lieu à de vives polémiques. Pourtant, le développement actuel d'outils d'apprentissage nouveaux (comme Internet), avec lesquels il est possible d'apprendre pratiquement tout par soi-même, donne à son approche une résonance nouvelle.

© Groupe Eyrolles

Chapitre 10

Connaître des éléments de motivation

La motivation : une fleur fragile

Étant enfants, nous avons tous rencontré, un jour ou l'autre, ce puissant levier pour apprendre quelque chose : la « motivation à apprendre ». Et nous avons également tous connu le « manque de motivation » qui rend alors un apprentissage si laborieux, si problématique.

La motivation à apprendre est une fleur fragile, qui demande à être entretenue avec soin, respect et patience. Tant qu'elle n'est pas bien enracinée, une fausse manœuvre peut être catastrophique. Nous avons nous-mêmes vécu, ou nous avons tous entendu, des histoires d'adultes dont la motivation à apprendre telle ou telle chose a été cassée définitivement et en quelques instants, souvent par la maladresse d'un enseignant, parfois par bêtise ou par incompétence.

Les avis sont partagés sur la motivation et les moyens de la susciter. Certains sont particulièrement discutables :

- Motivé ou pas, on doit apprendre.
- Vouloir motiver un enfant le rend mou.
- Un bon apprentissage nécessite une autorité forte, à laquelle l'enfant doit se plier.
- Il faut apprendre à l'école que la vie est dure. Motivé ou pas, une fois adulte, il faudra bien se battre.

© Groupe Eyrolles

- « Tu me remercieras plus tard. »
- « Mon père, à coups de fouet, a su faire de moi un honnête homme. »[1]
- « Travaille, la motivation viendra ensuite ! »

Le cycle infernal de la démotivation à l'école

Une motivation de qualité se conçoit essentiellement dans le temps : ce n'est pas un état passager (par exemple : parce que lié à une récompense), mais une démarche ancrée dans la durée. Comme toute action qui dure, il peut y avoir des hauts et des bas – peut-être peut-on même dire qu'il *faut* des hauts et des bas (voir chapitre 8, la courbe d'un apprentissage). Par contre, il faut éviter que l'enfant ne tombe dans un cycle infernal dont il aura bien du mal à sortir. En voici un exemple :

1. Dans Lucky Luke, *La Guérison des Dalton*.

© Groupe Eyrolles

Comment reconnaître la motivation ou un manque de motivation

Certains comportements de l'enfant peuvent révéler sa motivation – ou son manque de motivation. Cela peut, bien entendu, varier d'une matière à une autre, d'un sujet à un autre, ou d'une activité à une autre.

Reconnaître la motivation de l'enfant	**Reconnaître le manque de motivation de l'enfant**
• Il aime bien parler de ce qu'il apprend ; • Il se met facilement au travail ; • Il cherche à en connaître plus que ce qu'on lui demande d'apprendre ; • Il se fixe des buts ; • Il s'organise en fonction des échéances ; • Il fournit un travail de bonne qualité ; • Il accepte d'avoir parfois de mauvaises notes, et sait en tirer les leçons.	• Il refuse de parler de ce qu'il apprend ; • Il a du mal à se mettre au travail, remet toujours à plus tard ; • Il a des difficultés à se concentrer ; • Il est sensible au stress, a des craintes irraisonnées ; • Il a des difficultés à comprendre et à mémoriser ; • Il a souvent un sentiment de confusion ; • Il manque d'énergie ; • Il s'ennuie à l'école ; • Il est agressif pour tout ce qui touche à l'école ; • Il a des difficultés à se remettre en cause.

Qu'est-ce qui motive dans un apprentissage, et qu'est-ce qui casse la motivation ?

De nombreux éléments peuvent participer à la motivation à apprendre – ou développer une démotivation chez l'enfant, parfois de manière définitive.

© Groupe Eyrolles

Voici quelques éléments, sous forme de topogramme, qui seront détaillés ci-après :

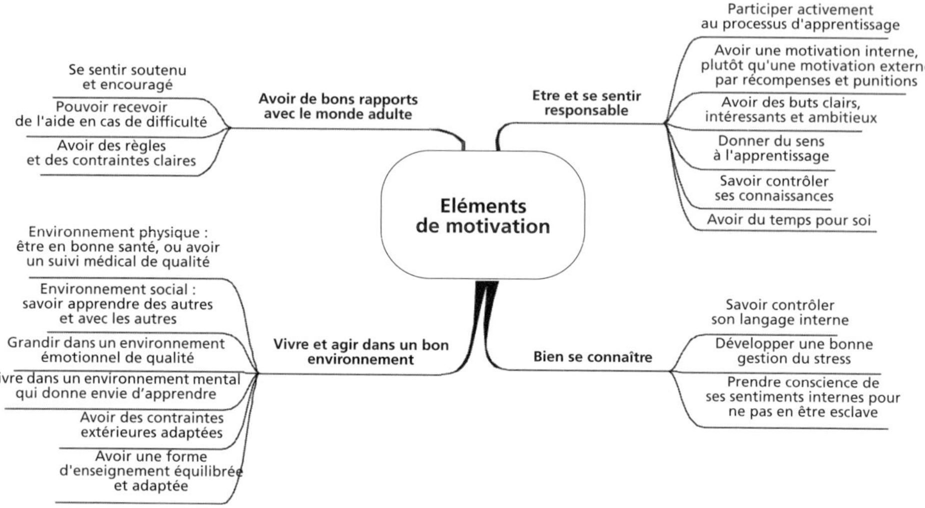

Être et se sentir responsable

L'apprentissage de la responsabilité chez l'enfant peut se faire à l'école comme à la maison. En particulier, créer chez l'enfant un sentiment de responsabilité pourra l'aider à s'impliquer personnellement dans son travail scolaire, sans rejeter sur des causes extérieures la responsabilité de l'apprentissage (« Le professeur est mauvais » ; « Je suis mauvais en français comme ma mère l'était » ; « Le chargé de travaux dirigés ne nous avait pas habitués à des partiels aussi difficiles » ; « S'il y avait plus de locaux et plus d'argent, tout irait mieux » ; etc.).

© Groupe Eyrolles

Participer activement au processus d'apprentissage

Ce qui peut motiver	Ce qui peut casser la motivation
• L'enfant a des responsabilités dans le processus d'apprentissage (« À ton avis, comment faire pour apprendre cela ? »). • Le parent exprime régulièrement sa confiance en son enfant. • L'enfant est capable d'évaluer lui-même ses compétences. • L'enfant est soutenu pour développer progressivement son autonomie dans la démarche d'apprentissage. • L'enfant sait que les succès comme les erreurs font partie du processus d'apprentissage.	• Pour tout ce qui concerne l'école, l'enfant est considéré et traité comme un irresponsable. • Le parent ne fait jamais confiance à son enfant. • L'évaluation vient toujours de l'extérieur : notes, commentaires, jugements. • Toutes les phases de l'apprentissage sont imposées à l'enfant. • L'enfant a développé la peur d'apprendre, et a le sentiment que tout apprentissage scolaire met en danger sa personnalité.
Pistes à développer • Commencer très tôt à donner des responsabilités à l'enfant (bien entendu adaptées à son âge). • Mettre en valeur les moments où l'enfant est responsable de quelque chose. • Apprendre à l'enfant à s'auto-évaluer. • Laisser régulièrement des choix à l'enfant, qu'il puisse se dire : « Puis-je le faire à ma manière ? » ; « Puis-je apprendre à mon rythme ? » ; « Plutôt que d'écrire, puis-je apprendre d'autres manières ? ».	**Mais...** • L'apprentissage de la responsabilité n'est pas toujours un principe pédagogique encouragé par l'école. • Bien souvent, la réalité du système scolaire impose des manières de faire qui ne laissent aucun choix à l'enfant. • Le parent n'est pas forcément capable d'aider l'enfant à s'auto-évaluer. • Si l'enfant choisit des manières de faire qui lui conviennent mieux, ce choix ne sera pas forcément validé par l'enseignant.

Avoir le choix, vu du côté du cerveau

Le cerveau fonctionne différemment lorsqu'il a le choix : même sur le plan biologique, la chimie du cerveau varie. Lorsqu'un enfant doit choisir une tâche et ce qu'il lui faut pour y arriver, il se sent plus impliqué, il a une vision plus positive de l'apprentissage et de son but. Il y a alors libération de deux endorphines importantes (la dopamine et la sérotonine), qui sont liées à un état de confiance et à un bas niveau de stress. Au contraire, lorsqu'un enfant manque de choix, il éprouve un sentiment d'enfermement ; le cerveau produit alors un neurotransmetteur (la

© Groupe Eyrolles

norepinephrine) qui a un fort effet inhibiteur. Dans cet état du cerveau, le moral est bas, l'efficacité dans l'apprentissage est faible et la motivation chute. Il ne s'agit pas ici du choix de ce que l'enfant doit apprendre – il n'a souvent pas le choix –, mais du choix dans sa manière d'apprendre.

Avoir une motivation interne, plutôt qu'une motivation externe par récompenses et punitions

La motivation personnelle, ou interne, joue un rôle essentiel dans un apprentissage de qualité.

Elle est naturelle, ou bien doit être encouragée. Mais elle est rarement affaire de pure logique ; des phrases comme « Travaille à l'école pour ne pas être chômeur plus tard » sont bien moins motivantes que (par exemple) le désir d'apprendre le japonais parce qu'on adore les mangas.

Ce qui peut motiver	Ce qui peut casser la motivation
• L'enfant dit : « Je veux apprendre cela. » • La carotte est aussi importante que les moyens de l'acquérir. • L'enfant est conscient des bénéfices personnels à long terme. • L'enfant sait se récompenser pour le travail accompli. • L'enfant est autonome pour entrer dans une démarche d'apprentissage.	• L'enfant dit : « Ils veulent que j'apprenne cela. » • La carotte ou le bâton, c'est tout : l'enfant ne fonctionne que par récompenses, contraintes et punitions. • L'enfant ne recherche que des bénéfices à court terme (comme uniquement à « avoir de bonnes notes »). • L'enfant recherche uniquement des récompenses extérieures. • L'enfant ne reçoit des récompenses que de type pavlovien, des récompenses de dressage, venant de l'extérieur. • L'enfant est incapable d'entrer par lui-même dans une démarche d'apprentissage, sans qu'elle soit imposée. • L'enfant reçoit une « motivation » externe par la honte et la culpabilité.
Pistes à développer	**Mais...**
• Proposer à l'enfant de demander à ses copains et à ses copines ce qui les motive. • Rechercher avec l'enfant ce qui le motiverait dans son apprentissage en cours.	• Le système scolaire est trop souvent basé sur « la carotte ou le bâton ». • La recherche de « bonnes notes » est une démarche inculquée à l'enfant presque dès son entrée dans le système scolaire.

.../...

© Groupe Eyrolles

• Proposer à l'enfant de fixer lui-même la récompense qu'il s'accordera après avoir bien travaillé. • Apprendre progressivement à l'enfant la rigueur que nécessite le travail bien fait, même dans des choses qui paraissent simples et peu importantes.	• La tendance, à l'école comme à la maison, est de relever les mauvais comportements, pas de récompenser les bons.

Avoir des buts clairs, intéressants et ambitieux

Avoir et se donner des buts (à court, moyen ou long terme) permet de s'ancrer dans la durée et la continuité. Cela peut éviter chez l'enfant des comportements compulsifs et une culture de l'instantanéité.

Ce qui peut motiver	**Ce qui peut casser la motivation**
• Proposer régulièrement à l'enfant des buts vraiment intéressants et qui lui sont adaptés. • Donner plus d'importance aux buts d'apprentissage qu'à la mesure des performances. • Avoir des buts ambitieux, en rapport avec ses capacités. • Avoir des buts à moyen et long terme. • Les buts à atteindre sont clairement montrés.	• Imposer à l'enfant des buts dont on n'a pas expliqué l'intérêt. • Se référer en permanence aux notes et aux moyennes, leur donner trop d'importance. • Se satisfaire toujours du minimum, avoir des buts peu stimulants, accepter la médiocrité. • Avoir des buts uniquement à très court terme : le prochain contrôle, la leçon pour demain, etc. • Les buts à atteindre sont flous, peu clairs ou inexistants.
Pistes à développer • Lorsque l'on propose des buts à l'enfant, il faut qu'ils soient : – clairement exprimés ; – ambitieux mais réalistes ; – mesurables d'une manière ou d'une autre ; – porteurs d'un bénéfice clair pour l'enfant ; – bien acceptés sur les plans moral, éthique et émotionnel.	**Mais...** • Les buts fixés doivent être en cohérence avec la manière de faire des enseignants – ce qui n'est pas toujours le cas. • L'enfant n'a pas le même rapport au temps que l'adulte, et les buts à long terme lui sont parfois difficiles à envisager. • Face aux buts ambitieux, il y a la culture du « 10 de moyenne », qui impose presque comme un standard l'acceptation de résultats moyens.

.../...

© Groupe Eyrolles

• On peut faire des parallèles et des analogies entre les activités extrascolaires où l'enfant cherche à se dépasser (arts, musique, sports, etc.), et l'apprentissage scolaire. • Trouver avec l'enfant des moyens visuels (graphiques, courbes, etc.) pour suivre son évolution vers ses buts. Cette évolution sera forcément faite de pics et de creux ! (voir chapitre 8).	• Forcer l'enfant à se dépasser, s'il n'a pas une motivation interne, est rarement efficace. • Toute forme d'incitation ressemblant à un environnement militaire (contrôle permanent, menaces, exhortations, punitions, etc.) est à éviter. • Faire attention à ne pas brider l'enfant en lui imposant ses propres limitations d'adulte ou en lui disant qu'il n'est pas capable de faire telle ou telle chose – ce qui renforcera son sentiment de n'être pas capable de faire mieux.

Donner du sens à l'apprentissage

La recherche du sens dans ce que l'on fait est l'un des ressorts essentiels de la motivation, que l'on soit enfant ou adulte.

Ce qui peut motiver	**Ce qui peut casser la motivation**
• Quand ce qu'il apprend a un sens pour l'enfant. • L'enfant a régulièrement des occasions de relier ce qu'il apprend au monde extérieur. • Que les adultes acceptent les questions concernant le sens de l'apprentissage : « À quoi ça sert ? »	• L'enfant est obligé d'apprendre des choses sans jamais en voir la nécessité et/ou l'intérêt. • L'enfant doit apprendre en permanence des choses qui n'ont aucun rapport avec ses centres d'intérêt, ou qui sont totalement déconnectées de la vie. • Les réponses des adultes à la question « À quoi ça sert ? » ne sont jamais satisfaisantes : « Pour ne pas être chômeur plus tard », « Parce que c'est comme ça », etc.
Pistes à développer	**Mais...**
• Prendre conscience, en tant que parent, que donner du sens à ce que l'on fait est essentiel au développement de la personnalité. • Chercher avec l'enfant l'intérêt de ce qu'il apprend. • Ne jamais éluder les questions du type : « À quoi ça sert ? »	• Il y a des apprentissages nécessaires dont l'enfant peut avoir du mal à discerner le sens. • Le parent n'est pas forcément compétent pour donner du sens aux apprentissages scolaires. • Ne pas négliger le plaisir d'apprendre pour apprendre, sans but particulier.

© Groupe Eyrolles

Savoir contrôler ses connaissances

Le travail de l'enfant est trop souvent jugé de l'extérieur, en particulier par les notes qu'il reçoit des enseignants, et par les réactions de ses parents à ces notes. Si ce jugement de l'extérieur peut être important – car il permet à l'enfant de se référer à une norme –, il est également souhaitable qu'on l'aide à développer une démarche d'auto-évaluation : cela lui permettra de mieux comprendre ses erreurs, et ainsi de s'améliorer.

Savoir précisément ce que l'on a effectivement appris :

- donne l'envie d'utiliser les nouvelles connaissances dans son travail ou dans un projet ;
- renforce la motivation pour la suite de l'apprentissage, ou pour tout apprentissage nouveau à venir ;
- donne confiance en soi.

Ce qui peut motiver	**Ce qui peut casser la motivation**
• L'enfant est formé et entraîné à évaluer lui-même ses compétences. • On fournit à l'enfant des occasions de comprendre ses erreurs et ce qu'il n'a pas compris ou assimilé, et des moyens de s'améliorer. • Lors de certains contrôles, une seconde chance lui est donnée.	• L'enfant est toujours jugé de l'extérieur. • Lorsque l'enfant reçoit sa copie après un examen ou un contrôle, il n'a pas l'occasion d'en tirer profit ; il ne regarde que la note, sans chercher à comprendre ce qui a bien marché et ce sur quoi il a fait des erreurs. • Des contrôles sont rendus par l'enseignant trop longtemps après avoir été faits : l'enfant rechigne à s'intéresser à nouveau à ce qu'il a bien ou mal fait, et ne tire aucun profit du contrôle.
Pistes à développer	**Mais...**
• Avoir un esprit d'évaluation *formative* (tirer parti des contrôles de connaissances pour aller plus loin et mieux), plutôt qu'un esprit d'évaluation *sommative* (intérêt porté uniquement à la note ou à la moyenne). • Suggérer aux enseignants d'utiliser des formes de contrôles de connaissances qui puissent être corrigés rapidement, dont l'enfant puisse tirer profit tant que c'est « encore chaud ».	• Il pourra être difficile de proposer à l'enseignant d'utiliser d'autres formes de contrôles que celles qu'il utilise habituellement. • Le parent n'est pas forcément compétent pour aider son enfant dans une démarche d'auto-évaluation.

.../...

© Groupe Eyrolles

• Aider l'enfant à mesurer son niveau de compréhension et de mémorisation : « Mes nouvelles connaissances fonctionnent-elles bien ? » ; « Les ai-je bien comprises et bien mémorisées ? » ; « Ai-je atteint une « compréhension authentique »[1] du sujet étudié, ou suis-je en bonne voie de l'atteindre ? ».	

Avoir du temps pour soi

L'école tient une place très importante dans l'emploi du temps de l'enfant. En conséquence, il a peu ou pas l'occasion d'avoir du temps pour lui, sans obligations ou contrôle de l'adulte. Il est essentiel de lui dégager des périodes qu'il puisse gérer à sa guise.

Ce qui peut motiver	Ce qui peut casser la motivation
• L'enfant a du temps disponible pour prendre son temps, rêver, imaginer, créer. • L'enfant a du temps pour ne rien faire.	• L'enfant a un emploi du temps surchargé, à l'école et en dehors de l'école (en particulier les mercredis après-midi et les week-ends). • L'enfant subit la pression des parents pour toujours « faire quelque chose ».
Pistes à développer	**Mais...**
• Éviter d'inscrire son enfant à trop d'activités extrascolaires. • Ne pas surcharger l'emploi du temps scolaire de l'enfant avec trop d'options. • Ne pas donner une priorité absolue à tout ce qui concerne l'école. • Fixer des limites temporelles au travail à la maison, et bien les préciser avec l'enfant : à telle heure, on s'arrête, que le travail soit fini ou non. • Développer la qualité du travail à la maison : faire vite et bien. • Aider l'enfant à distinguer l'essentiel de l'accessoire dans ce qu'il doit faire et dans ce qu'il doit apprendre.	• La place surabondante de l'école dans l'emploi du temps de l'enfant lui permet difficilement de développer d'autres capacités et d'autres centres d'intérêt, à part les mercredis et les week-ends. • L'enfant, par peur de mauvaises notes ou de punitions, peut refuser d'arrêter de faire son travail à la maison, même s'il est de mauvaise qualité. • Le parent n'est pas forcément compétent pour aider l'enfant à distinguer l'important de l'accessoire.

1. Voir page 104.

© Groupe Eyrolles

Avoir du temps, côté cerveau

Le cerveau a besoin de temps et de disponibilité pour structurer les nouvelles connaissances et les relier à ce qu'il connaît déjà. C'est ce que l'on appelle « l'incubation ». Pour cela, il a besoin qu'on le laisse tranquille, qu'on ne le sollicite pas en permanence.

Egalement, pour être créatif, le cerveau a besoin de temps, et de périodes où il peut fonctionner à sa guise, sans obligations externes.

Bien se connaître

Connaître ses forces et ses faiblesses, ses capacités et ses talents, permet à l'enfant de mieux maîtriser les différentes tensions auxquelles il est soumis.

Savoir contrôler son langage interne

Il est maintenant bien connu que notre langage interne, positif ou négatif, peut influencer nos comportements. Prendre conscience de l'existence de ce langage interne est un premier pas pour bien le canaliser et le gérer. Ce langage interne est souvent influencé par nos sentiments et notre état intérieur, dont il est également important de prendre conscience fréquemment.

Ce qui peut motiver	Ce qui peut casser la motivation
• L'enfant a en mémoire des souvenirs de succès. • Des personnes extérieures (enseignants, parents) rappellent régulièrement à l'enfant ses succès passés. • L'enfant a une image de soi positive. • Les succès sont mis en valeur, et l'on tire parti des erreurs pour progresser. • Les échecs et les erreurs sont considérés comme des phases normales de l'apprentissage.	• L'enfant ressasse ses échecs, ou l'adulte les lui rappelle fréquemment. • L'enfant a une image de soi essentiellement négative. • On sanctionne les erreurs plutôt que de valoriser les succès. • Une confusion est faite entre un mauvais résultat et la personnalité de l'enfant (par exemple : devoir raté = « tu es nul ! »).

.../...

© Groupe Eyrolles

• L'enfant est conscient de ses capacités et de ses richesses, et est régulièrement encouragé à les développer. • L'enfant sait créer une image mentale positive forte de sa réussite. • Des citations positives sont régulièrement proposées à l'enfant.	• L'enfant n'a aucune idée de ses capacités, de ses talents et de ses richesses – ou bien il a des capacités et des richesses qui ne sont jamais reconnues par le système scolaire. • L'enfant a de grandes difficultés à se voir réussir, il craint en permanence l'échec.
Pistes à développer	**Mais...**
• Créer et entretenir des mémoires de succès et s'appuyer sur elles. • Soutenir le développement des talents, capacités et richesses particulières de son enfant. • Cultiver avec l'enfant un langage interne positif. • S'adresser à l'enfant, autant que possible et lorsque cela s'y prête, avec un langage positif, pour progressivement le *désuggestionner* de ses autosuggestions négatives dans lesquelles il risque de s'enfermer. • En cas d'échec, discuter avec l'enfant pour en découvrir les causes, et en tirer des enseignements pour éviter de tels échecs à l'avenir.	• Il est parfois difficile pour un enfant de retrouver des mémoires de succès, et cela peut le dévaloriser un peu plus à ses yeux, lui prouver qu'il est vraiment « nul ». • Des horaires scolaires envahissants peuvent rendre difficile, voire impossible, le développement de talents extrascolaires. • Il ne faut pas exclure du langage les formes négatives ou impératives lorsqu'elles sont nécessaires !

Développer une bonne gestion du stress

Le stress a un intérêt vital : celui de déclencher tout un processus de survie (adrénaline, cortisone, tension des mollets, etc.) en cas de danger physique immédiat mettant la vie en péril. C'est rarement le cas dans le cadre du système scolaire. Toute « pédagogie » basée sur le stress est donc particulièrement discutable.

On distinguera, bien entendu, ce stress biologique de la tension que donne l'envie de réussir et de se surpasser, de l'excitation du jeu ou du sport.

1.Voir « Bibliographie et sources commentées » en fin d'ouvrage.

© Groupe Eyrolles

Ce qui peut motiver	Ce qui peut casser la motivation
• Établir autour de l'enfant un niveau de stress qui soit le plus bas possible. • Développer un stress positif lorsque l'on se dépasse.	• Un stress permanent, entretenu par les parents et les enseignants, pour tout ce qui concerne l'école. • Un stress négatif lié à tout apprentissage.
Pistes à développer	**Mais...**
• Apprendre à l'enfant des techniques simples de gestion du stress : « yoga à l'école »[1], exercices de respiration. • Relativiser (sans le diminuer) le rapport à l'école : l'apprentissage de telle leçon ou la préparation de tel contrôle n'est pas une affaire de vie ou de mort.	• Même simples, il faut pouvoir acquérir des techniques de gestion du stress avec des personnes compétentes. • Certains enseignants érigent en principe pédagogique la création d'un état de stress permanent chez les élèves : contrôles-surprises, punitions en cas d'échec, humiliations, etc. En général, toute discussion avec eux est difficile.

Prendre conscience de ses sentiments internes pour ne pas en être esclave

Notre « météo intérieure »[1], c'est-à-dire l'état dans lequel nous sommes, est souvent aussi variable que les modifications climatiques : beau temps et grand soleil, pluie forte ou crachin, orage, petits cumulus blancs et sympathiques, gros nuages noirs, giboulées,...

Aider l'enfant à prendre conscience de ses différents états lui permet d'éviter d'en être esclave, ou du moins d'en être moins esclave. On distinguera l'état physique (par exemple la fatigue physique), l'état émotionnel (être déçu, en colère ou heureux) et l'état mental (être intéressé, passionné ou s'ennuyer).

© Groupe Eyrolles

1. Détaillée plus loin au chapitre 11.

Ce qui peut motiver	Ce qui peut casser la motivation
• La capacité à prendre conscience de son état et de ses sentiments, savoir les gérer et les modifier. • Une atmosphère d'apprentissage qui favorise des états positifs.	• Être en permanence esclave de son état, subir l'influence de son état (physique, émotionnel et mental). • Vivre en permanence dans des atmosphères (école, logement, famille, etc.) qui créent des états difficiles à gérer.
Pistes à développer	**Mais...**
• Faire fréquemment exprimer par l'enfant ses sentiments ou son état interne. • Rechercher avec l'enfant des moyens qui lui conviennent pour changer d'état (par exemple, comment passer d'un état d'énervement à un état calme : musique, étirements, jeux, etc.).	• En grandissant, l'enfant acceptera peut-être plus difficilement d'exprimer à haute voix ses sentiments. • L'adulte n'est pas forcément capable de prendre conscience et d'analyser ses propres états, et ne sait peut-être pas lui-même prendre de la distance avec ces états (fatigue, colère, ennui, etc.).

Vivre et agir dans un bon environnement

Nous l'avons vu, l'environnement d'apprentissage peut jouer un rôle important dans la réussite ou l'échec d'un apprentissage.

Environnement physique : être en bonne santé, ou avoir un suivi médical de qualité

Être en bonne santé physique est l'une des conditions de la réussite scolaire. Inversement, un problème physique non repéré et donc non soigné peut handicaper considérablement un enfant à l'école. Là où il sera considéré comme « paresseux », la cause réelle pourra être une mauvaise vue ou une mauvaise audition non prise en compte. Ce repérage est en principe du ressort du médecin scolaire.

© Groupe Eyrolles

Ce qui peut motiver	Ce qui peut casser la motivation
• L'enfant a une bonne connaissance du fonctionnement de son corps (en particulier du cerveau), et connaît la nécessité de le garder en bonne santé, notamment pour bien réussir dans sa scolarité. • On fournit à l'enfant des « connecteurs » physiologiques de qualité : eau, oxygène, mouvement, nourriture saine et variée, sommeil, etc. • L'enfant sait maîtriser ses fatigues physiques et nerveuses, lorsqu'elles apparaissent. • L'enfant a un rythme de vie régulier. • L'enfant apprend à respecter son corps.	• L'enfant n'a aucune idée du rapport existant entre « bonne santé » et apprentissage. • L'enfant subit des « déconnecteurs » physiologiques : mauvaise nourriture ou nourriture mal équilibrée et mal adaptée, manque de sommeil, etc. • L'enfant ne sait pas se reposer, n'a pas de techniques pour gérer les différentes fatigues physiques et nerveuses. • L'enfant a un rythme de vie familial erratique, qui dérègle en permanence ses rythmes de sommeil. • Le corps de l'enfant est malmené : mauvais rythmes, mauvaise nourriture, compétitions sportives trop exigeantes, etc.
Pistes à développer • Veiller à la bonne nutrition de son enfant, en particulier à la qualité du petit déjeuner. • Expliquer à l'enfant que son cerveau a des besoins précis pour bien fonctionner. • Établir des rythmes réguliers et des rites dans la vie quotidienne de l'enfant. • En cas de difficulté scolaire importante, vérifier qu'il n'y ait pas de cause médicale (mauvaise vue, mauvaise audition, déséquilibre hormonal, etc.).	**Mais...** • Le parent n'a pas forcément la disponibilité pour veiller à la qualité des caractéristiques physiologiques données à son enfant. • Les enfants sont sensibles aux publicités qui vantent des nourritures de mauvaise qualité : fast-food, boissons gazeuses, sucreries, etc. • Le parent n'a pas forcément conscience pour lui-même de l'importance de ces caractéristiques physiologiques, et n'en tiendra pas compte pour son enfant. • Lorsque les parents ont eux-mêmes un rythme de vie difficile, ils veulent être le plus longtemps possible le soir avec leur enfant, au détriment de ses besoins en sommeil et en régularité.

Environnement social : savoir apprendre des autres et avec les autres

La famille, comme l'école, est un espace de socialisation. Lier apprentissage et travail avec d'autres est intéressant à développer chez l'enfant. Plus tard, la capacité de l'adulte à travailler en coopération sera une compétence souvent très appréciée.

Ce qui peut motiver	Ce qui peut casser la motivation
• L'enfant a le sentiment d'appartenir à une communauté (camarades, amis, autres élèves). • L'enfant travaille et apprend souvent avec d'autres enfants. • Le travail en équipe est proposé et encouragé par les enseignants. • Les compétitions, lorsqu'il y en a, sont de l'ordre du jeu, non de l'exclusion. • L'enfant connaît l'intérêt et l'efficacité du travail en coopération. • Il y a une bonne qualité de relations entre les élèves d'une même classe. • L'enfant a appris à bien écouter, et sait tirer profit de ce qu'il écoute. • L'enfant est capable de bien exprimer ses idées et ses sentiments, d'une manière claire et riche.	• L'enfant éprouve un sentiment de solitude face à l'apprentissage. • L'enfant est exclu du groupe-classe, ou d'une partie du groupe-classe. • L'enfant est toujours seul pour effectuer les tâches scolaires. • La compétition excessive, sous différentes formes, est encouragée. • On ne donne jamais à l'enfant l'occasion de faire quelque chose en coopération. • Des clans se forment chez les enfants, des oppositions et des inimitiés entre les enfants perdurent. • L'enfant n'a jamais appris à écouter l'autre, il ne sait pas s'intéresser aux idées des autres ; il est enfermé dans sa propre conception du monde. • L'enfant n'a jamais appris à s'exprimer d'une manière riche et profonde.
Pistes à développer • Aider son enfant à s'intégrer dans des groupes d'enfants du même âge (invitations, fêtes, aide aux devoirs en commun). • Favoriser le travail en groupe ou à plusieurs enfants, lorsque c'est possible. • Pour un travail en collaboration, faire réfléchir l'enfant : « Puis-je le faire avec mes copains ? » ; « Quelles compétences complémentaires avons-nous ? » ; « Quel projet pourrions-nous réaliser ensemble ? ». • Lorsque cela est pertinent, proposer à l'enfant qu'il aide d'autres élèves : « J'aime bien expliquer à d'autres, cela me donne le sentiment de mieux comprendre. » • Développer et encourager chez l'enfant des relations humaines de bonne qualité : avec les autres élèves, avec ses enseignants et avec ses parents.	**Mais...** • Lorsque les parents travaillent tous les deux et ont des horaires lourds, il leur est difficile de veiller et de participer à la bonne intégration de leur enfant dans des groupes. • L'enfant ne choisira pas forcément le groupe d'enfants qui lui convient le mieux. • Il est difficile pour l'enfant de découvrir et d'utiliser le travail en coopération lorsqu'il n'est jamais encouragé par l'enseignant. • La collaboration peut diminuer la responsabilité.

© Groupe Eyrolles

Grandir dans un environnement émotionnel de qualité

Les *émotions* jouent un rôle essentiel dans tout apprentissage, comme source d'énergie et de motivation ; elles favorisent également la mémoire à long terme. Un environnement motivant et stimulant donne envie d'apprendre.

Ce qui peut motiver	**Ce qui peut casser la motivation**
• L'enfant bénéficie d'une atmosphère de sécurité émotionnelle, dans laquelle sa personnalité n'est pas mise constamment en danger. • L'enfant entend un langage à dominante positive. • Les émotions ont leur place dans l'apprentissage (en particulier quand on a recours aux arts).	• L'enfant a le sentiment permanent que sa personnalité est en jeu lors du travail scolaire. • L'enfant est victime de violence verbale, de moquerie ou de mépris venant d'un enseignant ou de ses parents. • L'enfant entend un langage essentiellement négatif ou impératif. • L'enfant est coupé de toute stimulation artistique.
Pistes à développer	**Mais…**
• Établir et entretenir une confiance mutuelle entre l'enfant et le parent, c'est-à-dire que l'enfant n'ait pas le sentiment que la relation à l'adulte est risquée. • Établir des rites positifs et discrets dans la vie de l'enfant. • Surveiller son langage d'adulte, pour éviter une surabondance d'ordres et de critiques. • Introduire des éléments émotionnels de qualité lorsque parent et enfant travaillent ensemble : musique bien choisie, histoires racontées, rires et fous rires, dessins, etc.	• Lorsque les émotions tiennent une trop grande place dans l'apprentissage, l'enfant peut avoir du mal à se concentrer. • Créer un environnement émotionnel de qualité prend du temps et s'ancre dans la durée.

Vivre dans un environnement mental qui donne envie d'apprendre

Le cerveau ne se développe que si l'on s'en sert… et si l'on s'en sert bien. Il faut donc un apprentissage qui soit « compatible avec le fonctionnement du cerveau », c'est-à-dire un apprentissage

© Groupe Eyrolles

tenant compte de la manière naturelle de fonctionner du cerveau, telle qu'on la découvre de plus en plus au travers des recherches en neuropédagogie.

Ce qui peut motiver	Ce qui peut casser la motivation
• L'enfant peut créer sa propre structure mentale, il a des points d'ancrage et une bonne vue globale de ce qu'il apprend. • L'enfant peut régulièrement prendre conscience de tout ce qu'il a déjà appris, et de ce qu'il lui reste à apprendre. • L'enfant est respecté dans sa manière d'apprendre, ses compétences particulières sont reconnues. • Tout apprentissage est introduit à l'avance, d'une manière qui donne à l'enfant l'envie de s'y plonger. • On fournit à l'enfant de nombreuses occasions de découvrir des choses nouvelles. • L'enfant est régulièrement encouragé à se poser des questions sur les sujets les plus variés. • Il y a une bonne adéquation entre les compétences de l'enfant et le niveau de l'apprentissage : ce n'est ni trop simple ni trop difficile pour lui. • On encourage l'enfant à rechercher la « compréhension authentique » [1] de ce qu'il apprend.	• L'enfant manque de points d'ancrage pour l'apprentissage à venir. • Pour chaque apprentissage, une structure mentale est totalement imposée de l'extérieur. • « L'effet tunnel » de l'apprentissage : ne jamais avoir une vue globale de ce qui a été appris et de ce qui reste à apprendre. • L'enfant est obligé en permanence d'apprendre d'une manière qui ne lui convient pas. • Les apprentissages commencent sans préparation. • Pour une raison ou pour une autre, l'enfant est indifférent à toutes les curiosités qui s'offrent à lui. • L'enfant a le sentiment que se poser des questions est inutile ou néfaste pour réussir. • L'apprentissage est soit trop facile, soit trop difficile pour l'enfant. • L'enfant se contente d'une compréhension superficielle.
Pistes à développer	**Mais...**
• Demander aux enseignants de prévenir à l'avance (une à deux semaines) des sujets qui seront traités en classe. • Afficher aux murs, d'une manière ou d'une autre, la structure de l'apprentissage en cours.	• Certains enseignants peuvent rechigner à prévenir à l'avance des prochaines notions qui seront abordées. • Certains enseignants voudront imposer leur propre structure mentale sur le sujet enseigné, ou se référeront à une structure mentale de référence (par exemple un manuel scolaire).

.../...

1. Voir page 104.

© Groupe Eyrolles

• Aider l'enfant à créer sa propre structure mentale, par exemple en mettant ses connaissances sous des formes qui lui conviennent (topogramme, dessin, structure logique, collage, etc.). • Trouver, en tant qu'adulte, de l'intérêt pour ce qu'apprend l'enfant, et s'enrichir en apprenant avec lui.	• Trop s'appuyer sur la manière personnelle d'apprendre de l'enfant peut réduire son ouverture d'esprit ; il aura tendance à se focaliser sur cette manière de faire. • Certains parents n'ont ni le temps ni les compétences pour aider leur enfant à créer sa propre structure mentale. • Certains parents n'ont aucune connaissance sur certains sujets étudiés à l'école par leur enfant. • L'hétérogénéité des compétences des enfants d'une même classe poussera souvent l'enseignant à rechercher un niveau d'apprentissage moyen, dont souffriront autant ceux qui ont des compétences faibles que ceux qui ont une compétence forte.

Avoir des contraintes extérieures adaptées

Apprendre, comme toutes choses dans la vie, implique des contraintes. Ces contraintes peuvent aider à réussir, ou bien favoriser la démotivation.

Ce qui peut motiver	Ce qui peut casser la motivation
• Que l'enfant ait suffisamment de temps pour assimiler et réussir. • Que les dates limites fixées à l'enfant soient raisonnables. • Que l'enfant puisse progressivement s'organiser par lui-même en fonction des contraintes qui lui sont imposées.	• L'enfant est toujours obligé d'apprendre au même rythme que les autres, dans des structures temporelles imposées. • L'enfant doit tenir des limites de temps déraisonnables, qui le conduisent à des échecs programmés. • L'organisation du temps de l'enfant lui est en permanence imposée de l'extérieur.
Pistes à développer	**Mais...**
• Discuter avec l'enfant pour fixer ensemble des limites de temps qui lui conviennent. • Aider l'enfant à bien organiser son temps ; lui faire prendre conscience de l'intérêt de bien organiser son temps – et montrer l'exemple.	• Il est souvent difficile de remettre en cause les limites temporelles fixées par l'enseignant. • L'enfant étant sollicité par d'autres activités, en particulier extrascolaires, la gestion du temps peut nécessiter des choix, pas toujours faciles à faire pour lui.

Avoir une forme d'enseignement équilibrée et adaptée

L'enseignement que reçoit l'enfant à l'école a forcément un impact important sur sa motivation ou sur sa démotivation. Par exemple, un enfant dont le mode préférentiel d'apprentissage n'est jamais reconnu aura forcément des difficultés à l'école. Aux enseignants et aux parents d'être vigilants.

Ce qui peut motiver	Ce qui peut casser la motivation
• Un enseignement bien équilibré entre les « 3 C » : le cerveau, le cœur et le corps. • Un mode d'apprentissage de l'enfant qui est reconnu par les adultes, et des « intelligences multiples » fortes sollicitées régulièrement. • Un mode éducatif où le négociable et le non-négociable sont clairement définis. • Un système d'enseignement varié, utilisant à l'occasion des présentations inusuelles. • Des modes d'expression variés (oraux, écrits, par le mouvement). • On donne régulièrement à l'enfant l'occasion d'utiliser ses compétences non scolaires, et on les reconnaît.	• Un enseignement mal équilibré (trop de logique, peu d'artistique, peu de mouvement). • Un « mode préférentiel d'apprentissage » non reconnu, des « intelligences multiples » fortes non reconnues et non utilisées. • Un système d'éducation rigide, sans éléments négociables. • Un système d'enseignement répétitif, toujours sous la même forme. • Des modes d'expression standardisés et trop limités. • La vie scolaire et la vie extrascolaire de l'enfant n'ont jamais aucun rapport entre elles.
Pistes à développer • Bien repérer le « mode préférentiel d'apprentissage » de l'enfant, l'aider à en prendre conscience et lui faire accepter qu'il faut aussi savoir faire autrement. • Transformer des apprentissages scolaires sous une forme mieux adaptée à l'enfant. • Lorsque cela est possible (projet, exposé), donner l'idée à l'enfant d'utiliser ses compétences extrascolaires.	**Mais...** • Il n'est pas toujours facile de discuter avec les enseignants de leur forme d'enseignement. • Transformer des apprentissages scolaires sous une forme mieux adaptée à l'enfant prend du temps ; et l'enfant ne l'acceptera pas forcément, par crainte de se voir rajouter un surcroît de travail scolaire et de ne pas faire « comme le veut le prof ».

Avoir de bons rapports avec le monde adulte

Il y a forcément une imbrication forte entre le monde de l'enfant et le monde des adultes. Source de richesses ou source de souffrances, ce rapport à l'adulte est essentiel au développement de l'enfant.

© Groupe Eyrolles

Se sentir soutenu et encouragé

Que ce soit à l'école ou en dehors de l'école, il est souhaitable que la présence de l'adulte ne soit ni trop faible ni trop envahissante.

En physique, le principe de l'action et de la réaction

Plus on pousse d'un côté, plus la force de réaction est forte de l'autre côté.

Ce qui peut motiver	Ce qui peut casser la motivation
• Le soutien inconditionnel des parents pour que leur enfant réussisse et s'épanouisse. • Le soutien des enseignants sous différentes formes. • On donne à l'enfant l'occasion de partager ses succès et ses découvertes. • Le parent (et l'enseignant) reconnaît le travail accompli, même si les résultats notés ne reflètent pas ce travail. • La qualité des relations entre l'enfant et le parent est entretenue (temps disponible, écoute, activités ensemble, etc.). • Une bonne qualité des relations entre l'enfant et l'enseignant est encouragée par le parent. • L'implication du parent dans la vie scolaire de son enfant est bien maîtrisée. • L'enfant a le sentiment que les adultes apprécient son monde propre et s'intéressent à lui. • L'enfant développe un sentiment de confiance envers les adultes.	• La pression des parents pour que leur enfant « réussisse ». • Des comparaisons entre l'enfant et l'adulte, au détriment de l'enfant. • La pression des enseignants sous différentes formes. • Les adultes qui entourent l'enfant sont indifférents à ce qu'il apprend, à ce qui l'intéresse ou le motive. • Les parents considèrent qu'un mauvais résultat est forcément dû à un manque de travail et à de la paresse. • Les relations entre l'enfant et le parent sont mauvaises, et source de conflits. • L'enfant établit de mauvaises relations avec un ou des enseignant(s), sans pouvoir évoluer. • L'enfant subit une ingérence permanente du parent dans tout ce qui concerne l'école. • L'adulte se désintéresse du monde propre de l'enfant, le critique ou le dévalorise. • L'enfant développe une méfiance permanente envers les adultes.
Pistes à développer	**Mais...**
• Ne pas soutenir l'enfant uniquement en cas de difficulté, mais aussi lorsqu'il réussit.	• Il est parfois difficile, pour le parent, de trouver la juste mesure entre le fait de soutenir l'enfant et celui de lui « mettre la pression ».

.../...

© Groupe Eyrolles

• Que le parent veille à ne pas se projeter sur son enfant (par exemple, par une pression forte pour qu'il « réussisse » là où son père ou sa mère a échoué). • S'intéresser régulièrement aux domaines d'intérêt de son enfant. • Relever le travail accompli, même si les résultats (notes) ne reflètent pas ce travail ; réfléchir avec l'enfant sur la qualité de son travail et sur les possibilités de l'améliorer.	• Le poids des notes est souvent si grand, chez l'enfant comme chez le parent, qu'il leur est difficile de ne pas relier une mauvaise note à un mauvais travail. Or, ce n'est pas toujours le cas : parfois, les mauvaises notes ont pour cause principale la manière de contrôler de l'enseignant (contrôles plus difficiles que ce qui a été fait en classe, buts à atteindre peu clairs, système de notation discutable, etc.).

Pouvoir recevoir de l'aide en cas de difficulté

Un apprentissage comprend toujours des hauts et des bas, comme le montre la courbe d'apprentissage au chapitre 8. Il faut faire prendre conscience à l'enfant de cette réalité, et le soutenir dans les moments difficiles.

Ce qui peut motiver	Ce qui peut casser la motivation
• L'enfant peut trouver de l'aide quand il en a besoin. • Le parent et/ou l'enseignant a mis en place un système de soutien efficace et adapté si nécessaire. • Le soutien à l'enfant est passager, la contrainte liée au soutien est limitée dans le temps.	• L'enfant éprouve un sentiment d'abandon en cas de difficulté. • L'enfant n'a pas de soutien, ou un soutien mal adapté à son mode d'apprentissage. • L'enfant reçoit un soutien scolaire par une personne incompétente (en particulier le parent). • Le soutien augmente encore plus le temps que l'enfant consacre au travail scolaire.

…/…

© Groupe Eyrolles

Pistes à développer	Mais...
• Rechercher autour de soi des personnes compétentes et appréciées de son enfant, qui pourront l'aider *si nécessaire*. Prévenir son enfant de leur existence. • Se renseigner sur les structures existantes d'aide aux devoirs, dans le cadre scolaire (étude dirigée), dans le monde associatif, ou organisées par la municipalité.	• Il peut être difficile de trouver des personnes compétentes et pédagogues pour aider son enfant. • Le coût d'un soutien scolaire hors du cadre de l'école peut être important, et être impossible d'accès à de nombreuses familles au budget limité. • La tentation peut être grande, pour le parent, d'instituer un soutien scolaire permanent, pas forcément justifié, qui alourdira la vie scolaire de l'enfant.

Avoir des règles et des contraintes claires

L'enfant se structure par rapport à des règles et des contraintes, de tous ordres. L'application ou la non-application de ces règles peut mener à des récompenses ou à des sanctions.

Ce qui peut motiver	Ce qui peut casser la motivation
• Des contraintes librement acceptées par l'enfant, ou fixées par l'enfant avec l'aide du parent ou de l'enseignant. • Des sanctions bien reliées à la faute. • L'enfant sait se récompenser après un apprentissage.	• Pour l'enfant, tout apprentissage est relié à une contrainte. • Des sanctions sous forme de travail scolaire, donnant le sentiment que tout apprentissage est une sanction.
Pistes à développer	**Mais...**
• Définir avec l'enfant ce qui est négociable et ce qui ne l'est pas ; redéfinir régulièrement ces règles et ces limites en fonction de l'âge et de l'autonomie de l'enfant. • Aider l'enfant à trouver par lui-même comment il se récompensera, lorsqu'il aura correctement accompli une tâche.	• Il est encore courant que l'enfant soit puni par un surcroît de travail scolaire, pour une faute sans rapport direct avec l'apprentissage. • La limite entre éducation et dressage n'est pas forcément facile à trouver, sachant qu'une certaine forme de dressage (comme des comportements de sécurité) peut être nécessaire.

© Groupe Eyrolles

UN MOMENT DE RÉFLEXION

Une clé essentielle de la motivation : *Ganas*

Dans les années 1990, dans un lycée d'un niveau très faible d'un quartier défavorisé de Los Angeles, est arrivé un jour, plus ou moins par hasard, un professeur de mathématiques d'origine bolivienne, Jaime Escalante. Son étonnante réussite avec ses élèves a été mise en film, sous le titre *Stand & Deliver*. Ce film (jamais sorti en langue française) est célèbre aux États-Unis, en particulier dans le milieu enseignant.

Au fil des ans et en prenant ses élèves au niveau où ils étaient (le plus souvent proche de zéro), cet enseignant leur a proposé, non pas d'atteindre un niveau minimal en mathématiques, mais de mettre la barre le plus haut possible : leur faire passer et réussir un examen de mathématiques d'État (donc hors école) d'un niveau exceptionnellement difficile et en principe réservé aux élèves d'élite des quartiers favorisés, le *Advanced Placement Calculus Exam*.

Pendant une dizaine d'années, Jaime Escalante a ainsi fait réussir cet examen à des centaines d'élèves, leur ouvrant souvent la porte d'universités prestigieuses. Lorsqu'on lui demandait comment il faisait pour motiver ses élèves et les mener aussi haut, il répondait (en espagnol) un seul mot : *Ganas* ; l'envie viscérale, leur donner envie.

Cette belle histoire, comme souvent, a une fin désespérante : le système scolaire américain n'a jamais intégré la pédagogie de Jaime Escalante, et le film a eu l'effet pervers de faire croire aux enseignants que l'on pouvait, sans grand effort de leur part et sans pédagogie vraiment particulière, faire passer un élève d'un niveau extrêmement faible à un niveau extrêmement élevé. Mais cette expérience nous transmet malgré cela un message essentiel, bien rendu dans le titre *Stand & Deliver*, expression du temps des diligences (« la bourse ou la vie »), que l'on pourrait traduire ici par : « Mets-toi debout et donne le meilleur de toi-même. »

© Groupe Eyrolles

Léon Tolstoï : que faut-il enseigner aux enfants ?

On le connaît pour ses talents littéraires, on le connaît moins pour ses qualités de pédagogue. Lors de nombreux voyages en Europe, il observe des élèves qui récitent bêtement leurs leçons sans les comprendre : « Partout, c'est l'abrutissement ! », écrira-t-il.

Sa doctrine pédagogique défend l'idée que l'école n'est pas dans les écoles. Le vrai savoir est à l'extérieur, dans les musées, les laboratoires des savants, les bibliothèques, les théâtres, mais pas dans ces lieux où les enfants vont devoir ingurgiter passivement un résidu de savoir. Il remet en cause les programmes scolaires, qu'il considère comme desséchants et stériles.

Alors se pose à lui cette question essentielle : que faut-il enseigner aux enfants ? Et quel rapport faut-il instaurer entre cette question et une autre question : qu'est-ce qui intéresse vraiment les enfants ? Ce sont des questions essentielles, parce que liées au sens de l'apprentissage et au désir de savoir de l'enfant.

Pour Léon Tostoï, il faut que l'école joue un rôle nouveau : non pas celui de transmettre seule des savoirs selon un ordre scolaire desséchant, mais celui, double, de faire émerger le goût du savoir et de favoriser la construction d'un esprit critique, un esprit qui permette d'ordonner ces savoirs, de discriminer ceux qui sont importants et ceux qui le sont moins. C'est un apprentissage de la liberté.

© Groupe Eyrolles

Chapitre 11

Le mieux-être de l'enfant : détente et concentration

Contrairement à certaines idées reçues, « bien apprendre » semble s'appuyer sur un paradoxe : plus on est détendu, physiquement et mentalement, mieux on apprend. Le stress créé chez l'enfant par une échéance rigide ou la menace d'une punition, les tensions engendrées chez lui par l'environnement scolaire ou par sa manière de vivre forment des barrières à un apprentissage de qualité, et ne sont en aucune manière une aide pour bien apprendre.

Par contre, la capacité à se détendre, à se « relaxer » et à se concentrer permet à l'enfant (et à l'adulte) d'améliorer son aptitude à assimiler tout nouveau savoir, et d'éviter les blocages. Et si c'est un paradoxe, c'en est un particulièrement riche en possibilités ouvertes. Encore faut-il accepter d'aller y voir de plus près.

La durée d'attention d'un enfant

Une étude a montré que le temps moyen pendant lequel un *adulte* est attentif lors d'un cours ou d'une conférence est inférieur à douze minutes. Passé cette période, il commence à

© Groupe Eyrolles

rêvasser – ce qui ne l'empêche pas de prendre des notes. S'il est présent physiquement, son esprit, lui, est plus ou moins absent.

Pour un enfant, lors d'apprentissages scolaires, cette période d'attention est, souvent, bien inférieure. Il faut donc tenir compte de cette *réalité* en proposant régulièrement à l'enfant :

- de changer d'activité ;
- de varier les manières d'appréhender un même sujet d'apprentissage, notamment en sollicitant des intelligences différentes ;
- de faire des exercices particuliers pour favoriser son attention et sa concentration.

Il ne s'agit pas ici d'un besoin de « zapping » chez les enfants, souvent dénoncé par les enseignants, mais de faire ou de travailler la même chose de manières différentes, ou bien de permettre à l'enfant de se recentrer ou de se re-concentrer.

L'état de l'enfant : sa « météo intérieure »

La connaissance de la météo a pris une importance considérable dans nos vies ; le temps de la journée fait partie intégrante des nouvelles du jour. L'être humain, et en particulier l'enfant, a, lui aussi, une « météo intérieure », changeante, variable. Mais il ne prend pas forcément conscience de cette météo, du fait qu'il est parfois *énervé* ou *passionné*, *fatigué* ou *ému*, *déprimé* ou *révolté*, *heureux* ou *excité*... Ce sont des états qui changent, parfois très rapidement, et qui ont des répercussions directes sur ses comportements.

Et ce sont également des états, lorsque nous y sommes complètement plongés, qui peuvent nous aliéner, nous rendre esclaves. Par exemple, si l'enfant est *en colère*, à 100 % dans sa colère, il lui sera très difficile d'en sortir, et il aura tendance à

© Groupe Eyrolles

réagir impulsivement, par exemple en ayant un geste violent. Mais s'il parvient à prendre un minimum de recul, à se dire « *Je suis actuellement en colère* », les choses peuvent mieux se passer ; il trouvera peut-être une autre manière de réagir. Il apprendra ainsi à mettre de la distance entre sa pensée et son action, à ne pas agir – ou agir moins souvent – de manière compulsive.

Pour tirer le meilleur parti de cette météo intérieure avec son enfant, nous pouvons distinguer trois étapes :

1. L'aider à *prendre conscience régulièrement de son propre état* – sans le juger ! En prendre conscience comme un fait : « *Je suis dégoûtée de ne pas avoir eu une meilleure note à mon contrôle* », et non comme un jugement : « *Je suis dégoûtée de ne pas avoir eu une meilleure note à mon contrôle, je suis vraiment nulle !* ».
2. L'aider à *savoir exprimer son état* : cela lui permettra d'établir une meilleure relation avec les autres, en évitant des quiproquos et des incompréhensions.
3. Lui apprendre à *modifier cet état* si nécessaire.

Prendre conscience régulièrement de son état, sans jugement

Prendre conscience de cette météo intérieure peut se faire d'une manière très simple, en proposant à l'enfant de choisir un adjectif exprimant son état du moment. Pour éviter l'emploi d'adjectifs trop vagues comme « cool », « bien », « bon » ou « super », on pourra se référer à une liste d'adjectifs[1] : la langue française en est riche ! On utilisera une liste plus ou moins complète, selon l'âge et le niveau de langage de l'enfant. L'enfant pourra également utiliser une petite phrase pour préciser son état : « Épuisé (après match de basket) » ou « Heureux (16 au contrôle de maths !) ».

© Groupe Eyrolles

1. Voir ci-après, dans ce même paragraphe.

Dans cette météo intérieure, il est important de ne pas confondre son état *physique*, son état *émotionnel* et son état *mental*. Ainsi, lorsque l'enfant est familiarisé avec cette observation de son baromètre intérieur, vous pouvez lui proposer d'affiner et de choisir trois adjectifs :

- le premier pour qualifier son état physique (par exemple : *fatigué* ou *en pleine forme*) ;
- le deuxième pour qualifier son état émotionnel (par exemple : *en colère* ou *superheureux*) ;
- et le troisième pour qualifier son état mental (par exemple : *passionné* ou *ennuyé*).

En effet, ces trois états peuvent cohabiter : on peut être au même moment *très fatigué* physiquement, émotionnellement *très heureux* et mentalement *passionné* par ce que l'on est en train de faire.

Vous pouvez prendre l'habitude avec votre enfant de noter cet état, par exemple au début de « l'heure des devoirs et des leçons », et à la fin. La variation est parfois surprenante. Cela lui permettra de prendre conscience de ses changements d'états intérieurs, en fonction des moments et des circonstances, ce qui l'aidera à développer cette *connaissance de soi* que l'on considère de plus en plus comme essentielle pour bien apprendre. Il sera également intéressant qu'il prenne conscience de sa météo intérieure lors de certains événements de la vie scolaire : le premier jour de classe, ou avant un cours avec tel enseignant, ou avant et après un contrôle, etc.

Bien entendu, il est souhaitable que l'adulte qui accompagne l'enfant prenne également conscience de son état intérieur et de ses variations, et qu'il l'exprime à l'occasion à l'enfant. Par exemple, si le parent, rentrant le soir après une dure journée, prend conscience qu'il est *fatigué*, *énervé* et *épuisé mentalement*, cela l'aidera à mieux gérer l'heure des devoirs et des leçons avec son enfant, en évitant autant que possible que cet état ait des répercussions négatives sur l'enfant (qui, lui, pourra être *en pleine forme*, *heureux* et *avide d'apprendre*).

© Groupe Eyrolles

Un petit tableau comme ci-dessous[1] peut faciliter la tenue à jour de cette météo intérieure, de son évolution et de ses variations :

Jour et heure	Mon état			L'état de... (mon père, ma mère, etc.)		
	physique	*émotionnel*	*mental*	*physique*	*émotionnel*	*mental*
Jeudi 17 avril, 17 h 30	Envie de bouger	Dégouté	Épuisé	Fatigué	Tranquille	Intéressé
Vendredi 18 avril, 19 h	Épuisé (entrainement de rugby)	Ravi : vive le week end !	Intéressé	En grande forme	Inquiet (maladie de mamie)	Attentif

Lorsque l'occasion semble favorable, vous pouvez ensuite revenir avec votre enfant sur l'évolution de cette météo intérieure, réfléchir à ses variations en fonction des moments et des circonstances, et peut-être en tirer des conséquences pratiques pour éviter les variations trop brusques – et augmenter le temps de soleil.

Au niveau de la vie de classe, voici comment un élève pourrait résumer l'évolution de cette météo pendant la semaine : « En début de semaine, le temps était vraiment à l'orage pour beaucoup d'entre nous. Sur nos courbes barométriques, on relevait essentiellement des enfants : *découragés*, *démora-lisés*, *accablés*, *rebutés*, *anxieux* ou *hostiles*. Mais, après une bonne remise en train, les choses ont commencé à évoluer dans notre ciel intérieur. Certains se sont sentis *intéressés*, d'autres *excités*. Le mardi après-midi, la neige qui tombait derrière les fenêtres a rendu certains *sentimentaux* ou *tendres*, d'autres *mélancoliques*. Puis le baromètre s'est mis à chuter rapidement à l'annonce d'un prochain contrôle. Des *tourmentés*, des *craintifs* et des *découragés* ont fait leur apparition. Mais la prise de conscience de ce ciel couvert – ainsi que la confiance que nous mettons dans notre enseignant, dont la météo semble être toujours au beau fixe – ont bien vite chassé

1. Téléchargeable sur le site de l'auteur (voir « Bibliographie et sources commentées » en fin d'ouvrage).

© Groupe Eyrolles

ces nuages, et nous avons abordé cette zone de dépression possible avec un moral anticyclonique : nous étions *assurés*, *optimistes*, *tranquilles* et *sereins*. Actuellement, même si certains s'annoncent *fatigués* – ce qui est normal après une semaine bien chargée – et si d'autres reconnaissent être *soulagés*, nous pouvons dire que nous sommes globalement, pour les journées à venir, plutôt *contents*, et même *ravis*… »

Savoir exprimer son état

Si ces états et ces sentiments ne sont pas verbalisés, ils risquent de conduire à de nombreuses incompréhensions ou à des quiproquos. Par exemple, si vous avez eu une dure journée mais que vous ne verbalisez pas votre épuisement ou votre lassitude, votre enfant risque de mal interpréter votre manière d'être, et le moment partagé avec lui risque de ne pas bien se dérouler. Bien sûr, il ne s'agit pas de tout dire de sa vie professionnelle ou personnelle à son enfant : il s'agit d'exprimer son état pour que la relation avec lui, dans l'instant, soit claire.

Exprimer son état peut également faire partie des rites familiaux, et ainsi enrichir les relations entre les membres de la famille.

Liste d'adjectifs pour exprimer sa météo intérieure[1]

Moral positif			**Moral négatif**		
alerte	content	de bonne humeur	cafardeux	découragé	démoralisé
égayé	épanoui	gai	déprimé	désespéré	lamentable
heureux	joyeux	léger	malheureux	médiocre	misérable
rayonnant	réjoui	satisfait	piteux	pitoyable	
À l'aise			**Mal à l'aise**		
aimable	allègre	amusé	mis à l'écart	agacé	blasé
animé	chaleureux	éveillé	consterné	contrarié	coupable
exubérant	fortifié	insouciant	délaissé	distant	énervé
inspiré	libre	ravi	ennuyé	gêné	indifférent
reconnaissant	soulagé		insensible	isolé	refroidi
			solitaire	terne	

© Groupe Eyrolles

Confiance

assuré	audacieux	confiant
ferme	hardi	optimiste

Hésitation, doute

embarrassé	expectatif	hésitant
dubitatif	irrésolu	sceptique
tiède		

Passion

avide	captivé	comblé
émerveillé	tenu en haleine	enchanté
enthousiaste	exalté	excité
extasié	fasciné	impatient
passionné	séduit	transporté

Colère, révolte

choqué	courroucé	dégoûté
écœuré	en colère	exaspéré
fâché	frustré	furieux
irrité	outré	révolté
scandalisé	stupéfait	

Intérêt

absorbé	attentif	concentré
curieux	étonné	intéressé
intrigué		

Tristesse

affligé	attristé	chagrin
chagriné	maussade	mélancolique
morfondu	morne	morose
triste		

Énergie

dilaté	électrisé	encouragé
plein d'entrain	ragaillardi	stimulé
tonifié	vif	vivifié

Fatigue

abattu	accablé	amorphe
apathique	écrasé	endormi
épuisé	faible	fatigué
harassé	inerte	las
léthargique	lourd	passif
vide		

Paix

bien	calme	paisible
sans soucis	serein	solide
tranquille		

Confusion

confus	embrouillé	hébété
inconstant	perdu	perplexe
troublé		

Sentimental

affectueux	amoureux	charmé
ému	sensible	tendre
touché		

Crainte, peur, inquiétude

agité	alarmé	angoissé
anxieux	craintif	effrayé
épouvanté	incertain	inquiet
mal assuré	pessimiste	peureux
qui appréhende	sombre	soucieux
terrifié	tourmenté	tracassé

Jalousie, rancune, hostilité

aigri	amer	déçu
haineux	hostile	jaloux
offensé	opposé	provocateur
rancunier	rebuté	rejeté
dédaigneux	soupçonneux	

1. Liste téléchargeable sur le site de l'auteur (voir « Bibliographie et sources commentées » en fin d'ouvrage).

© Groupe Eyrolles

Modifier son état quand cela s'avère nécessaire

Différentes manières simples, à adapter à l'enfant, peuvent lui permettre de passer dans un état plus favorable à l'apprentissage. En voici quelques-unes, dont certaines sont détaillées plus loin :

Pour se recentrer :

- prendre conscience de sa « météo intérieure » ;
- faire des exercices de « yoga à l'école » (voir plus loin) ;
- dessiner pendant quelques minutes un mandala (voir plus loin) ;
- changer l'éclairage de la pièce ;
- changer l'arrangement de la pièce.

Pour se concentrer :

- boire de l'eau pure ;
- faire des exercices de relaxation ;
- observer en détail et décrire à haute voix un objet.

Pour se redonner de l'énergie :

- faire quelques étirements ;
- changer de vêtements ;
- manger quelques petits gâteaux ;
- faire quelques mouvements de *Brain Gym* (voir plus loin) ;
- mettre une musique bien choisie.

Pour se calmer :

- faire un exercice de respiration (voir plus loin) ;
- fermer les yeux et écouter les bruits, des plus lointains aux plus proches, jusqu'à ses propres bruits intérieurs (comme le bruit de la respiration) ;
- faire un exercice de relaxation ;
- mettre une musique bien choisie.

© Groupe Eyrolles

Lorsque l'on s'ennuie :

- utiliser d'autres intelligences ;
- se poser des questions sur ce que l'on doit apprendre ;
- faire un jeu ;
- écouter une histoire ;
- raconter quelques blagues ;
- travailler avec d'autres enfants ;
- faire des grimaces ;
- discuter sur un sujet qui nous tient à cœur.

La musique pour mieux apprendre

Écouter de la musique a une caractéristique essentielle : on « s'accorde » avec la musique que l'on écoute. Ainsi, certaines musiques considérées comme *positives*, *vivantes*, *joyeuses*, *claires*, *gaies*, *profondes* ou *calmes* vont aider à créer ces mêmes qualités chez les personnes qui les écoutent. De même et inversement, des musiques dures et violentes pourront avoir des effets négatifs sur ceux qui les écoutent.

> **Arts, musique et développement mental de l'enfant**
>
> Certains chercheurs considèrent que l'absence d'art et de musique dans la petite enfance peut retarder le développement mental de l'enfant. On a constaté également qu'une intégration plus substantielle de la musique (et des arts plastiques) dans l'ensemble d'un programme scolaire conduisait à des améliorations très sensibles en mathématiques, en lecture, en expression écrite et dans d'autres matières.

Intérêts de la musique

Les implications de ce principe sont très nombreuses. La musique permet :

- de *modifier les émotions et les sentiments* de celui qui l'écoute ;

© Groupe Eyrolles

- de *changer le comportement*, en *changeant l'état* de celui qui l'écoute : une musique bien choisie peut donner du courage, aider à créer une image de soi plus positive, inciter à l'action ;
- de *mieux connecter le cerveau* (voir plus loin l'histoire de « l'effet Mozart ») ;
- d'aider à *créer un environnement émotionnel positif et chaleureux*, en particulier dans un processus d'apprentissage ;
- de *se détendre*, de *se concentrer*, de *réduire le stress et l'anxiété* que peut déclencher un apprentissage ;
- de *stimuler l'imagination et la réflexion*, notamment la musique classique et romantique.

Remarques :

- Pour profiter des qualités que transmet la musique, il ne semble pas nécessaire de l'écouter particulièrement : l'entendre à un niveau juste audible (donc sans y prêter une attention consciente) suffit pour favoriser la concentration générale et la qualité du travail.
- On pourra craindre que la musique ne devienne alors qu'un fond sonore, parmi d'autres fonds sonores qu'écoutent bien souvent les enfants. Pourtant, des recherches ont montré (en particulier en milieu scolaire) l'intérêt de cet emploi de la musique pour soutenir une activité d'apprentissage. Les élèves sont plus détendus et participent mieux.
- Il faut être attentif au volume sonore, pour qu'il ne soit en aucun cas une gêne, et éviter d'utiliser des appareils de mauvaise qualité.

Emplois de la musique pour mieux apprendre

La musique comme rite

Certaines musiques, toujours les mêmes, peuvent rythmer l'heure des devoirs et des leçons. L'une pourra signifier : « Dans 5 min, on commence ! », une autre : « Quelques étire-

© Groupe Eyrolles

ments nous feront du bien ! », une autre encore : « Il est temps de prendre une petite pause ! », ou bien : « Super, c'est fini, on a bien travaillé, vive nous ! »

La musique comme soutien d'une activité

La musique peut être utilisée en arrière-plan d'activités très diverses. Il pourra y avoir des musiques pour trouver des idées, d'autres pour accompagner quelques étirements, d'autres encore pour écrire une rédaction ou une dissertation. Si vous lisez un livre ou une histoire à votre enfant, un accompagnement sonore (discret) pourra rendre ce moment encore plus magique.

Mettre en musique l'information à apprendre

Nous avons vu, dans le chapitre sur les intelligences multiples, l'intérêt de mettre en musique ce qui doit être appris. On utilise ainsi une intelligence forte chez de nombreux enfants, pour rendre un apprentissage plus efficace et plus motivant.

On peut proposer par exemple à l'enfant de changer les paroles d'une chanson connue (chanson traditionnelle, chanson populaire, rap, etc.) en les remplaçant par les nouvelles informations à mémoriser. Et, bien sûr, il faut donner l'occasion à l'enfant de chanter ces chansons.

Quelles musiques faut-il utiliser ?

En travaillant, bien des enfants écoutent *leur* musique, la musique *qu'ils aiment*. Mais ces musiques ne sont pas forcément bien adaptées à un travail de qualité… Progressivement, il sera intéressant de faire découvrir à votre enfant certaines musiques, en expliquant bien la différence qu'elles ont avec ses musiques habituelles : ce sont des musiques pour se recentrer, pour se concentrer, pour se redonner de l'énergie ou pour se calmer.

© Groupe Eyrolles

Vous n'y connaissez rien en musique « classique » ?

La musique classique est parfois bien loin des goûts musicaux des enfants comme des parents. Certains la considèrent comme une musique ennuyeuse, ou une musique pour les « vieux », ou encore pour les riches.

C'est pourtant une musique qui perdure loin des effets de mode : on n'a pas fini d'écouter Bach, Mozart ou Beethoven.

Et si vous en parliez au responsable « musique » de votre médiathèque ?

À l'occasion, on pourra demander à l'enfant d'être attentif à l'influence qu'il ressent en écoutant telle ou telle musique, et lui montrer l'intérêt d'utiliser plus particulièrement certaines musiques lorsqu'il apprend ou lorsqu'il travaille.

Le choix de la musique dépend de l'activité, bien entendu. Une musique rapide et vive peut être utile pour des activités stimulantes, ou pour faire quelque chose assez rapidement. Plus lente, elle aide à la créativité, à la mémorisation, à la révision. La musique peut également être utilisée lors d'exercices de relaxation ou de visualisation.

D'une manière générale, on s'accorde à dire que la musique classique est mieux reçue (sur les plans psychologique comme physiologique) que, par exemple, la musique rock. Il y a par contre des musiques qui ne conviennent absolument pas à un processus d'apprentissage. On évitera en particulier les musiques « dures ». Les musiques avec paroles et les chansons, même en langue étrangère, sont également déconseillées, afin de ne pas créer d'interférences entre les idées que l'on apprend et les mots chantés.

Différents chercheurs ont proposé des listes de morceaux de musique bien adaptés à telle ou telle circonstance. Pourtant la meilleure démarche, si l'on a quelques préférences musicales, est sans doute de réécouter ses classiques favoris en se demandant dans quelles circonstances (autres que la simple écoute)

© Groupe Eyrolles

telle ou telle musique peut être proposée à l'enfant, et d'introduire progressivement ces musiques dans son environnement sonore et sa culture musicale.

Mozart superstar

La mise en évidence de l'effet de la musique (et particulièrement celle de Mozart) sur les capacités mentales a conduit nombre d'écoles publiques américaines à mettre du Mozart comme musique de fond dans les classes. Loin de nuire à l'attention et à la concentration, la musique améliore l'une et l'autre.

Des chercheurs préconisent même de faire écouter de la musique de Mozart dans les classes de maternelle, tous les jours durant au moins une heure, et ce, quelle que soit l'activité en cours.

Voici quelques propositions très générales :

- pour favoriser la recherche personnelle : Beethoven, Mozart, de la musique indienne ;
- pour faciliter la synthèse d'informations : Bach, Scarlatti, de la musique baroque (Vivaldi, Albinoni, Corelli, etc.) ;
- pour favoriser la compréhension d'un processus complexe : Bach, Mozart ;
- pour créer un état d'esprit de curiosité et de plaisir à découvrir : Haydn, Mozart ;
- pour aider à la concentration : Bach, Debussy, Fauré, Mozart ;
- pour aider à développer la confiance en soi et pour se donner du courage : Beethoven, Mozart, Berlioz, Haendel, Mendelssohn ;
- pour aider à sortir de l'ennui et de la répétition : des danses (Tchaïkovski, Brahms, Dvorak, Weber) et surtout des valses (Johann et Richard Strauss, Chostakovitch) ;
- pour développer l'imagerie guidée, la visualisation : de la musique romantique lente ;
- pour faire une pause ou pour se redonner du tonus : des danses populaires, du rock des années 1960, des thèmes de musiques de films.

© Groupe Eyrolles

Contrôles, examens et stress

L'anxiété liée aux contrôles et aux examens est un phénomène courant chez les enfants, mais qui suscite curieusement peu de mobilisation de la part des parents et des enseignants. C'est pourtant un problème de santé publique : est-il vraiment nécessaire qu'un enfant s'angoisse, dorme mal, arrête de manger ou vomisse avant un contrôle ?

Voici, vu du côté des parents, quelques conseils avant un contrôle ou un examen :

- ne pas menacer l'enfant de sanctions en cas d'échec ;
- veiller à bien nourrir l'enfant la veille (dîner) et le jour même (petit déjeuner) ;
- veiller à ce que l'enfant dorme bien la veille ;
- exprimer à l'enfant la confiance que l'on a en lui ;
- relativiser l'importance du contrôle ou de l'examen ;
- montrer l'intérêt du contrôle pour évaluer ce qu'il sait et ce qu'il ne sait pas encore.

Du côté de l'enseignant, on pourrait suggérer quelques idées :

- ne pas effrayer les élèves en brandissant les conséquences d'un échec ;
- bien préparer les élèves pour les mettre en confiance ;
- équilibrer le contrôle pour que chaque élève ait la possibilité de réussir en fonction de son niveau ;
- bien préciser les buts à atteindre au travers de ce contrôle ;
- apprendre aux élèves (ou leur faire apprendre par le professeur d'EPS) des techniques simples de relaxation ;
- informer les parents des bienfaits d'une bonne alimentation et d'un sommeil régulier ;
- apprendre aux élèves des stratégies anti stress :
  - prendre conscience de son stress (cela arrive à tout le monde) pour bien le gérer ;
  - faire quelques exercices de respiration ou de relaxation avant le début effectif du contrôle ;
  - lire l'ensemble du contrôle avant de commencer ;
  - commencer par les questions faciles ;
  - laisser de côté une question sur laquelle on bute pour y revenir plus tard ; etc.

© Groupe Eyrolles

Apprendre à l'enfant des techniques de relaxation

Nous savons par expérience – et les recherches le confirment – que pour supporter et diminuer les tensions, la *relaxation* est bien plus efficace que d'autres activités habituelles de détente et de repos.

Un bâillement, un massage des épaules ou une bonne sieste procurent une détente dont nous ressentons des effets plus ou moins profonds, mais la relaxation, c'est autre chose : c'est une démarche active et volontaire qui fait intervenir à la fois le physique et le mental, et qui a pour but de diminuer nos tensions, également physiques et mentales. Car corps et esprit sont intimement liés, et le mental ne peut se détendre profondément que si le corps est bien détendu.

Le tout petit enfant sait à la fois être très détendu et très concentré, d'une manière naturelle. Mais en grandissant, il perd souvent cette double qualité, en particulier en avançant dans le système scolaire, grandement générateur de tensions et de stress. Et une fois adulte, il aura toujours ce besoin de détendre son corps et son esprit, mais cela pourra devenir pour lui de plus en plus difficile.

Il est souhaitable que la période journalière de « travail à la maison » intègre cette recherche, chez l'enfant, d'un esprit alerte dans un corps détendu. Des exercices simples, que vous pouvez faire avec votre enfant, peuvent y aider.

Quand peut-on employer la relaxation avec son enfant ?

On pourrait dire : le plus souvent possible, mais en particulier lorsque vous le sentez inquiet, déconnecté, anxieux, fatigué, terrassé par l'ennui, stressé, paniqué ou autre.

© Groupe Eyrolles

Quelques exercices de relaxation pourront lui permettre :

- de calmer son mental ;
- de créer chez lui un état de concentration active, pour favoriser un apprentissage de qualité et lui permettre de développer sa confiance en soi ;
- de favoriser la compréhension de l'information, son assimilation et sa mémorisation ;
- de faire revenir à la conscience l'information mémorisée, en particulier lors de tests ou d'examens (pour éviter le phénomène d'angoisse de « la page blanche ») ;
- de lui redonner de l'énergie s'il est fatigué ;
- d'apprendre à canaliser ses émotions et ses pulsions.

Comment proposer à son enfant de se relaxer ?

Il y a de nombreuses manières simples de se relaxer. Voici quelques pistes.

Le mouvement concentré comme moyen de relaxation

Tendre et détendre doucement les muscles, en prenant bien conscience du mouvement, est un moyen simple et rapide de calmer un corps trop tendu et un esprit trop crispé. On peut, par exemple, partir de la main ouverte, aller très doucement vers le poing fermé et serré, et rouvrir progressivement la main.

La respiration comme moyen de relaxation

Les traditions orientales connaissent depuis toujours l'importance de la respiration pour obtenir une détente profonde du corps et de l'esprit, et pour baisser un niveau émotionnel trop élevé. Bien respirer permet de retrouver un calme intérieur, et de le conserver. L'observation du souffle exerce et affine l'attention. Toutes ces traditions insistent sur l'importance de la respiration abdominale, qui donne sa stabilité intérieure à l'être humain.

© Groupe Eyrolles

Voici un exercice simple appelé « La respiration complète », qui permet de bien distinguer les trois étages de la respiration. Cet exercice permet une meilleure oxygénation du cerveau, favorise l'attention et la mémoire, et permet également de retrouver rapidement son calme en cas de trac ou d'anxiété.

1. On inspire, en commençant par gonfler le ventre (respiration abdominale, au niveau du nombril) ; on peut, au début, suivre avec la main le déplacement de l'inspiration ; dans la mesure du possible, il est toujours conseillé de respirer par le nez plutôt que par la bouche.
2. On continue en écartant les côtes (respiration thoracique).
3. Et on termine par le haut de la poitrine (respiration claviculaire).
4. Puis on expire doucement, dans le même ordre : abdomen, thorax, clavicules.

La musique comme moyen de relaxation

Comme nous l'avons vu plus haut, certaines musiques permettent d'atteindre un meilleur niveau de concentration d'une manière presque naturelle. L'enfant, souvent très sensible à la musique, pourra en tirer profit. On pourra coupler l'écoute de la musique avec une activité calme : jeu, lecture, coloriage d'un mandala, etc.

Le son comme moyen de relaxation

Très appréciée des enfants, la technique de *l'abeille* a un effet calmant et leur permet de se recentrer.

Pour cela, l'enfant ferme les yeux et se bouche les oreilles ; il inspire dans cette position, puis émet un son (hmmm...) en imitant le bourdonnement de l'abeille. Pour être plus confortable, il peut poser ses coudes sur une table.

La posture comme moyen de relaxation

Une bonne posture, en particulier la rectitude du dos, peut jouer un rôle important pour détendre le corps et l'esprit. Bien entendu, il ne s'agit pas ici du « Tiens-toi droit ! » (rigide, crispé et où l'on cambre le dos) que répètent à l'occasion parents ou enseignants. Il s'agit de la rectitude naturelle que l'on donne à

© Groupe Eyrolles

toute la colonne vertébrale, permettant d'ouvrir la cage thoracique et de replacer les vertèbres cervicales dans l'axe de la colonne vertébrale.

Voici par exemple un exercice simple, la *Petite salutation*, pour redresser naturellement le dos.

Cet exercice se fait assis, en écartant la chaise d'une vingtaine de centimètres de la table.

1. On laisse pendre les bras de chaque côté du corps, en dégageant le cou des épaules et en décambrant les reins.
2. En inspirant, on lève doucement les bras devant soi, jusqu'à la verticale.
3. En expirant, on descend les bras pour que les mains se rejoignent derrière la nuque. Les coudes sont alors écartés de chaque côté de la tête.
4. On pousse les mains vers l'avant, comme si on voulait faire basculer la tête, mais on résiste pour garder l'ensemble droit.
5. On inspire dans cette position puis, toujours dans cette position, en regardant un point loin devant soi, on expire en descendant le buste très lentement vers la table, en gardant le dos parfaitement plat, comme une planche (regarder un point loin devant soi permet de garder cette rectitude du dos).
6. On reste un instant dans cette position, puis, toujours en regardant ce point au loin, on remonte doucement en inspirant, et on ramène lentement les bras le long du corps en expirant.

Des étirements comme moyen de relaxation

De simples étirements, faits lentement et d'une manière concentrée, permettent également de redresser une posture avachie. On veillera à ce que l'ensemble du corps soit bien étiré : vers l'avant, vers l'arrière, sur les côtés, en rotation, sur la pointe des pieds, accroupi, etc.

La visualisation comme moyen de relaxation

La visualisation, nous l'avons vu, consiste à « se tourner un film intérieur », soit inventé par soi-même, soit en écoutant une personne extérieure proposer des images. Diverses techniques utilisent la visualisation comme moyen de relaxation.

© Groupe Eyrolles

Dans la mesure du possible, pendant un exercice de visualisation, l'enfant est assis ou allongé, et ferme les yeux. Voici deux exercices simples et efficaces :

1. On parcourt progressivement son corps en imagination, en plaçant sa conscience dans chaque partie du corps, et en cherchant à détendre cette partie. À la fin du processus, les tensions musculaires inutiles ont diminué, et l'esprit est plus alerte. Voici l'ordre conseillé, en commençant par le côté droit du corps, puis en faisant de même avec le côté gauche : pouce de la main droite (gauche), index, majeur, annulaire, auriculaire, paume, poignet, avant-bras, coude, épaule, aisselle, côté droit (gauche) de la poitrine, taille, hanche, cuisse, genou, mollet, cheville, talon, plante du pied, dessus du pied, gros orteil, deuxième, troisième, quatrième, cinquième orteil, toute la partie droite (gauche) du corps. On peut continuer de même avec le dos puis le visage, du front au menton.
2. On peut également et tout simplement se souvenir de moments agréables en fermant les yeux : le corps, le visage (en particulier les yeux) et l'esprit se détendront naturellement, en reprenant l'état qu'ils avaient lors de l'événement réel.

Détendre les yeux pour détendre le mental : le « yoga des yeux »

On considère trop souvent la vision sous son seul aspect physique : on voit ou on ne voit pas bien, et l'on porte des lunettes en conséquence. Cet aspect est important, certes, et, lorsqu'un enfant a des difficultés scolaires, il faut effectivement vérifier qu'il y voit bien. Mais la vision a également un aspect mental : les images, entrées par les yeux, sont traitées par le cerveau, ce qui nécessite une activité mentale importante. Quand les yeux sont trop sollicités, le mental fatigue.

Certains éléments peuvent avoir un effet négatif sur la vision. Il semble, par exemple, que l'augmentation anormale des myopies chez les enfants soit due en particulier :

- au suremploi du visuel dans la vie de l'enfant (télévision, écrans de jeux) ;
- à la focalisation permanente du regard, en particulier dans le travail scolaire ;
- au stress que peut vivre l'enfant, à la maison ou à l'école ;
- à l'emploi d'une veilleuse trop forte près du lit de l'enfant.

© Groupe Eyrolles

D'autres éléments sont à encourager, pour faciliter et entretenir une bonne vision, en particulier :

- la *détente physique*, qui va agir sur l'œil en tant qu'organe : par exemple, on peut se frotter les mains pour créer de la chaleur, puis les poser en conques quelques instants sur ses yeux fermés ;
- la *détente mentale*, qui va agir sur la liaison œil/cerveau. Par exemple le *palming* (de *palm* : la paume de la main) permet d'avoir les yeux dans le noir complet. Ainsi, ne voyant que du noir et n'ayant plus à interpréter d'images, le cerveau se repose, et les yeux se décrispent.

> La technique du *palming* consiste à mettre les deux paumes des mains en forme de coquillage, et à les appuyer sur le visage (ne pas appuyer sur les yeux !), de chaque côté du nez, de telle manière que les yeux ouverts soient dans le noir complet. Pour être plus confortable, on pourra poser les coudes sur une table.
>
> Si on rajoute au *palming* le souvenir de moments où l'on était très détendu, les yeux vont naturellement reprendre la position qu'ils avaient à ce moment-là, et vont mieux se décrisper.

Colorier pour se recentrer : le mandala

Maintenant souvent connu dans les écoles primaires, le coloriage de mandalas est particulièrement efficace pour se recentrer et se concentrer, et peut être utilisé à tout âge dans ce but.

D'origine orientale, le mandala est une figure (en général circulaire) organisée autour d'un point central. C'est une manifestation symbolique du psychisme humain. Les hommes ont de tout temps créé des mandalas : plans de villes, décoration des armes, bijoux, rosaces des cathédrales. La nature nous offre également de nombreux exemples de mandalas, depuis l'organisation des fleurs jusqu'à celle du système solaire. Les petits enfants dessinent spontanément ce type de formes circulaires.

© Groupe Eyrolles

La création et/ou le coloriage d'un mandala peut servir à calmer, rééquilibrer, recentrer et unifier la personne qui le réalise. Le coloriage de mandalas n'est pas un coloriage ordinaire, c'est un travail de remise en harmonie.

On peut procéder ainsi avec les enfants :

- L'enfant choisit dans un fichier de mandalas[1] celui qui l'attire le plus.
- Il s'installe dans un coin tranquille, et l'on évite de lui parler pendant qu'il colorie ; il doit avoir à sa disposition une gamme suffisamment variée de couleurs (crayons, feutres ou encres).
- Avant de commencer, il doit, si possible, réfléchir aux couleurs qu'il va utiliser et à la façon dont il va les placer.
- Il peut ajouter au mandala tous les éléments qu'il désire.
- On lui conseillera de dessiner :
  - du centre vers le bord, s'il se sent triste ou fatigué ;
  - ou des bords vers le centre, s'il se sent énervé ou dispersé.
- Il est intéressant qu'il prenne conscience, par lui-même, de sa météo intérieure avant et après le travail sur le mandala.

Remarques :

- Colorier entièrement un mandala prend du temps, mais 10 min de coloriage peuvent suffire. On range ensuite le mandala jusqu'à la fois suivante.
- On ne prend un nouveau mandala que lorsque le précédent est terminé.
- On peut également proposer à l'enfant de rechercher des mandalas dans la nature ou dans des objets usuels.

Le mouvement pour mieux apprendre

Dans un apprentissage autre que sportif, le mouvement et le corps sont le plus souvent considérés comme une gêne. Pour apprendre sérieusement, il faut :

- être assis sur une chaise ;
- devant une table ou un bureau.

Est-ce vraiment nécessaire ?

© Groupe Eyrolles

1. Voir « Bibliographie et sources commentées » en fin d'ouvrage.

La nécessité de bouger de l'enfant

Peut-on imaginer un tout petit enfant apprendre sans bouger ? Le mouvement fait partie intégrante de sa manière de découvrir le monde, et participe à son développement cérébral. Il apprend en bougeant, comme il apprend également à contrôler progressivement ses muscles et ses mouvements.

Mais alors, si le mouvement est une porte privilégiée de l'apprentissage chez le petit enfant, pourquoi cesser complètement de l'utiliser lorsque l'on entre dans le système scolaire ? Bien sûr, en maternelle, les enfants peuvent bouger dans la classe, se déplacent souvent, utilisent le mouvement pour apprendre. Mais plus ils avanceront dans leur scolarité, moins on leur proposera de stimuler leur corps de temps en temps (par exemple pour faire des étirements), et encore moins de l'utiliser pour apprendre. L'enseignant considérera que les enfants ont l'occasion de bouger pendant les récréations, et qu'ils doivent ensuite rester statiques lorsqu'ils sont en classe.

Ne vous étonnez pas alors si votre enfant, une fois rentré à la maison, veut faire son travail et apprendre ses leçons en bougeant, en sautant, en mettant les pieds aux murs ou en se vautrant sur son lit. S'il a besoin de bouger, pourquoi pas ? Recherchez le résultat (qu'il fasse bien son travail), sans forcément l'obliger à rester tout le temps assis bien sagement sur sa chaise. Rappelez-vous le proverbe : « Le corps a ses raisons que la raison ne connaît pas. »

Transformer une porte en tableau noir

Autant les enfants détestent souvent « aller au tableau » lorsqu'ils sont en classe, autant ils aiment avoir chez eux un tableau pour écrire, dessiner, s'exprimer.

Il existe des peintures « spéciales tableau noir » qui permettent de transformer une porte ou un coin de mur en tableau.

© Groupe Eyrolles

Utiliser et développer l'intelligence *corporelle/ kinesthésique* de l'enfant

Plutôt que d'accepter, en soupirant intérieurement, que votre enfant apprenne ses leçons et fasse ses devoirs en gigotant ou en bougeant sans arrêt, vous pouvez faire mieux : profitant de cette nécessité pour l'enfant de bouger, vous pouvez canaliser cette énergie en l'appliquant à l'apprentissage, en utilisant son intelligence *corporelle/kinesthésique*, par exemple en lui proposant de « traduire » ce qu'il doit apprendre sous forme de mouvements. Voici quelques manières de faire :

- pour étudier un événement historique, l'enfant peut jouer la scène, interprétant tour à tour les différents personnages ;
- pour étudier l'orthographe, l'enfant peut mimer les différentes lettres, ou les « écrire » en grand dans le ciel avec son doigt, son coude, son nez... ;
- en mathématiques, un problème de géométrie pourra être dessiné à la craie en grand dans le jardin ou dans le salon ;
- pour une leçon de géographie, on pourra créer montagnes et vallées dans le salon ;
- pour un processus scientifique (par exemple le cycle de l'eau, la photosynthèse ou le fonctionnement d'un neurone), l'enfant pourra mimer le processus ;
- pour des mots d'une langue étrangère, l'enfant pourra mimer les mots et les faire deviner à quelqu'un d'autre ;
- sur n'importe quel sujet à apprendre, l'enfant pourra faire parler des marionnettes.

Des exercices de « yoga à l'école »

En s'inspirant du yoga traditionnel a été développé ce que l'on appelle le « yoga à l'école »[1]. En adaptant des exercices de yoga, en particulier en leur donnant un aspect ludique et très imagé, les enfants peuvent obtenir des bienfaits du yoga sans entrer dans une démarche nécessitant un enseignant spécialisé.

1. Voir « Bibliographie et sources commentées » en fin d'ouvrage.

© Groupe Eyrolles

Les grands principes du yoga traditionnel

On confond souvent « yoga » et « postures ». Le yoga est bien plus que de simples postures. Qui ne voudrait vivre les huit principes du yoga traditionnel (ou au moins les six premiers), et en faire profiter son enfant ? Les voici :

1. Bien vivre ensemble – La relation aux autres.
2. Avoir une bonne hygiène personnelle – Éliminer les toxines et les pensées négatives.
3. Avoir une bonne posture – Dos droit, attention au corps.
4. Bien respirer – Contrôler son souffle et sa respiration.
5. Être bien détendu – Détendre le corps, calmer le mental.
6. Être bien concentré – Concentrer consciemment son esprit.
7. Savoir méditer et contempler.
8. Atteindre la sérénité...

Des exercices de *Brain Gym*

Il existe un outil simple qui mérite d'être connu et utilisé : la *Brain Gym*. La *Brain Gym* a été développée dans les années 1970 par l'américain Paul Dennison, au départ pour tenter de résoudre des problèmes de dyslexie et de vision chez l'enfant et l'adulte. En synthétisant les travaux de nombreux chercheurs, il a montré le lien étroit qui existe entre le corps en mouvement et le fonctionnement du cerveau : en faisant certains mouvements simples, on permet au cerveau de mieux fonctionner et, en particulier, de mieux apprendre.

La *Brain Gym* peut donner des résultats spectaculaires, notamment dans les cas de dyslexie, d'échec scolaire et de maladie ou handicap mental. Son emploi en milieu scolaire permet souvent d'améliorer l'apprentissage et le comportement des élèves, surtout de ceux en difficulté. Dans la vie de tous les jours, les personnes qui l'emploient constatent généralement une amélioration dans leur travail, une meilleure confiance en soi et un contrôle du stress plus facile.

Contrairement aux exercices d'échauffement musculaire, tous les exercices de *Brain Gym* se font lentement, en coordonnant mouvement et respiration.

© Groupe Eyrolles

Le plus connu des mouvements de la *Brain Gym*, très facile à pratiquer avec son enfant, est le « cross crawl », ou « mouvements croisés ». Dans cet exercice, on coordonne un bras et la jambe opposée : par exemple, on lève le genou gauche et on le touche avec la main droite, puis on lève le genou droit que l'on touche avec la main gauche. En même temps, le bras disponible peut se lever.

Ce mouvement peut avoir de nombreuses variantes, à rechercher et inventer. Par exemple, on peut toucher avec une main le talon du pied opposé qui se lève par-derrière, puis inverser. Ou bien, la main droite peut pincer le nez pendant que la main gauche saisit l'oreille droite, et inversement.

UN MOMENT DE RÉFLEXION

L'enfant et la télévision

La télévision tient une place considérable dans notre vie, c'est une évidence. Fournisseur de culture, ouverture sur le monde, outil de distraction ou d'abrutissement des masses, elle peut jouer tous les rôles, selon l'emploi que l'on en fait.

Pour tirer le meilleur parti de cet outil, à la fois magique et diabolique, on peut suggérer deux choses :

- N'allumer la télévision que lorsqu'on la regarde effectivement. L'allumer systématiquement le matin et la laisser allumée jusqu'à tard le soir peut être considéré comme une pollution, à la fois visuelle, sonore et mentale. Laisse-t-on tourner le moteur de sa voiture en permanence, du matin au soir ?
- Éviter de mettre une télévision dans la chambre de l'enfant, ou bien instaurer des règles strictes d'utilisation – et les faire respecter. On constate que beaucoup d'enfants s'endorment trop tard et se lèvent trop tôt, et donc arrivent fatigués à l'école par manque de sommeil, pour avoir trop longtemps regardé la télévision. Comme pour l'adulte, l'enfant subit une pollution visuelle, sonore, mentale, mais également émotionnelle : laissé à lui-même face à l'usage de la télévision, il va forcément regarder des films ou des émissions qui ne sont pas conçus pour son âge, et n'aura pas l'occasion de partager avec des adultes des émotions difficiles à supporter, n'ayant pas encore la maturité nécessaire pour comprendre et vivre ces émotions.

© Groupe Eyrolles

Janusz Korczak et la boîte aux lettres

Né à Varsovie dans une famille juive, cet éducateur s'est rangé toute sa vie du côté des enfants. Dans les années 1910, il fonde deux orphelinats où il met en pratique ses principes : une pédagogie non répressive fondée sur la prise de parole des enfants et leur respect. En août 1942, avec 200 orphelins juifs, il est déporté au camp d'extermination de Treblinka.

Janusz Korczak a été très tôt confronté au problème des enfants qu'on ne contrôle pas ou qui ne se contrôlent pas eux-mêmes, qui sont tout entiers dans la compulsivité, le passage à l'acte immédiat, qui sont incapables de réfléchir avant d'agir. Il va aider ces enfants à mettre un peu de distance entre la pensée et l'acte, à sortir du « tout, tout de suite » qui dégénère souvent en actes violents.

Pour cela, et en particulier pour endiguer la violence de ces enfants, il va dire à ses élèves à peu près ceci : « Vous avez le droit de faire ce que vous voulez, même d'insulter ou de frapper qui vous voulez, mais à une condition : il faut écrire auparavant ce que vous voulez faire ou dire, rédiger une lettre et la déposer dans la boîte aux lettres. » Et là, tout bascule : la boîte aux lettres, c'est la possibilité, enfin, de réfléchir avant d'agir. À travers la boîte aux lettres, petit à petit, avec patience, si on prend le temps de les apprivoiser, les enfants découvrent tout l'intérêt qu'il y a à réfléchir. À réfléchir pour s'exprimer, pour s'expliquer, pour tenter de résoudre les problèmes autrement que par la force. Et cela, c'est absolument essentiel, non seulement dans la classe, mais, bien au-delà, dans toute la société.

Très en avance sur la Convention internationale des droits de l'enfant de 1989, Janusz Korczak avait identifié certains droits de l'enfant : le droit à un budget, le droit d'être pris au sérieux, de jouer, de se tromper, d'être encadré, de donner son opinion, d'avoir des secrets, de dire un mensonge de temps en temps (pour se construire, un enfant doit aussi pouvoir explorer les interdits). Selon lui, il est impossible d'obliger des parents – et encore moins des éducateurs – à aimer les enfants. Ils sont, en revanche, tenus de leur témoigner du respect en toutes circonstances : *« Les enfants ne sont pas des personnes de demain, mais des personnes d'aujourd'hui. »*

© Groupe Eyrolles

Chapitre 12

Jouer pour bien apprendre

Il est bien admis que le petit enfant apprend beaucoup à travers le jeu. En maternelle, très généralement, l'emploi de jeux est courant. En primaire, la place donnée aux jeux commence à diminuer, et cette diminution s'accélère à l'approche du collège. Au collège, l'emploi du jeu comme outil d'apprentissage devient exceptionnel. Et au lycée ou en faculté, la simple idée de faire des jeux pour apprendre fait frémir d'indignation. Pourtant, un jeu peut avoir une grande valeur pédagogique, et être particulièrement efficace pour apprendre, réfléchir, mémoriser, approfondir.

Des avis partagés

« N'use pas de violence dans l'éducation des enfants, mais fais en sorte qu'ils s'instruisent en jouant ; tu pourras par là mieux discerner les dispositions naturelles de chacun. »

Platon

« Une vie vertueuse ne va pas sans effort sérieux et ne consiste pas dans un simple jeu. »

Aristote

Jouer : *« Se dit de toutes les occupations frivoles auxquelles on s'amuse ou on se délasse, mais qui entraînent quelquefois aussi la perte de la fortune et de l'honneur. »*

Encyclopédie de Diderot et d'Alembert

© Groupe Eyrolles

Il est vrai que le terme de « jeu » peut porter à confusion. Les jeux sont souvent considérés comme des activités ludiques « peu sérieuses », enfantines, ou bien comme des passe-temps pour jours de pluie – donc sans grand intérêt dans un processus d'apprentissage.

Du côté de l'école, on inculque aussi aux enfants et aux adolescents, avec un grand acharnement, qu'apprendre doit être « sérieux », que l'on doit « faire des efforts » en permanence. On comprend que le jeu ne soit pas le bienvenu dans cet environnement.

Pourtant plus tard, curieusement, le jeu sera proposé à l'enfant devenu adulte : sous une forme ou sous une autre, le jeu retrouve droit de cité dans l'entreprise. Pour nombre de formateurs, il semble maintenant évident que des jeux bien conçus et bien choisis peuvent aider considérablement les adultes à apprendre, à réfléchir, à trouver des solutions. Mais cela, cependant, ne change rien au fait qu'à l'école apprendre, c'est sérieux, et que l'on considère que les jeux font uniquement partie de la vie extrascolaire de l'élève.

Pourquoi les jeux permettent de mieux apprendre

L'emploi de jeux a de nombreux avantages et bénéfices, dont on peut se servir pour apprendre mieux :

- Le jeu est un moyen de mettre en application ce qui a été appris ; c'est également un excellent moyen de réviser.
- Lorsque l'on joue, on est dans un état d'esprit détendu et positif, et ainsi on apprend d'une manière plus efficace ; on sait maintenant qu'un élève heureux est un élève qui apprend mieux.
- Les jeux réduisent l'anxiété souvent associée à l'apprentissage ; les erreurs sont considérées comme des phases du jeu et non comme des « fautes » sanctionnées, et n'empêchent pas de continuer.

© Groupe Eyrolles

- On a tendance à oublier rapidement ce que l'on a appris : le jeu est un moyen de mettre en application et d'enraciner ce qui a été appris, à travers une pratique active.
- La vérification immédiate de ce que l'on a appris est un facteur essentiel pour un apprentissage efficace ; au cours du jeu, le joueur sait immédiatement ce qu'il sait et ce qu'il ne sait pas.
- Un jeu nécessite une participation active, développe et favorise naturellement les interactions entre ceux qui jouent, donc ceux qui apprennent.
- Le jeu met en œuvre des émotions, et l'on sait qu'une implication émotionnelle positive est très efficace pour apprendre.
- Un jeu a un ensemble de règles qu'il faut suivre, et c'est l'un des grands intérêts pédagogiques du jeu, en particulier pour les enfants : il faut se plier à des contraintes, sans tricher (sauf si tricher est inclus dans les règles...).

Ainsi, on ne peut que souhaiter que l'école, du primaire à l'université, redécouvre la puissance du jeu dans l'enseignement ; outre leur efficacité, les jeux participent à ce plaisir d'apprendre qu'il faut entretenir et conserver chez les élèves. Et lorsque l'on considère le jeu comme une activité « sérieuse » pouvant être utile, son champ d'utilisation est pratiquement infini, quels que soient le sujet, la matière, l'âge et le nombre des personnes concernées.

Un grand spécialiste des jeux, Sivasailam Thiagarajan (*alias* Thiagi), tire de son immense expérience trois conclusions :

- tout ce qui peut s'enseigner peut l'être avec des jeux ;
- on peut concevoir un jeu d'apprentissage rapidement et à un coût quasiment nul ;
- l'utilisation de jeux rend tout apprentissage motivant, efficace et plaisant.

© Groupe Eyrolles

Pourquoi les jeux sont-ils si peu employés en milieu scolaire ?

> *« L'opposé du jeu n'est pas le sérieux, mais la réalité. »*
>
> **Sigmund Freud**

Puisque les recherches montrent si fortement l'intérêt d'utiliser des jeux, pourquoi sont-ils si peu utilisés dans l'enseignement ? On peut trouver plusieurs raisons à cela :

- l'impression, pour l'enseignant comme pour l'élève, de ne pas être « sérieux » en utilisant des jeux ;
- la peur de l'enseignant de perdre le contrôle de sa classe ;
- la peur de faire du bruit ;
- la peur de « perdre du temps », au détriment du programme à terminer ;
- le manque d'idées précises concernant les jeux et leur emploi ;
- et le fait que « cela ne se fait pas » et ne s'est jamais fait. Car comment imaginer que l'on puisse apprendre, réfléchir ou réviser d'une manière plaisante et stimulante à l'aide de jeux, après tant d'années d'école où l'on nous a appris l'impérieuse nécessité de souffrir et de faire des efforts pénibles pour apprendre ?

On pense également qu'il faut des jeux particulièrement conçus pour ce que l'on doit enseigner, nécessitant soit une longue préparation pour créer le jeu, soit de l'argent pour en acheter. En fait, en utilisant le concept de *jeu-cadre*[1], on peut concevoir un jeu de qualité en quelques instants. Un parent démuni face à son enfant qui rechigne à apprendre quelque chose, ou qui bloque sur des problèmes de compréhension, de mémorisation ou d'approfondissement, pourra souvent créer, en quelques instants, un « jeu » pour l'aider.

1. Voir ci-dessous.

© Groupe Eyrolles

Et pour augmenter l'efficacité et le plaisir du jeu, on pourra, si possible, faire participer d'autres personnes : élèves de la même classe que son enfant, conjoint, frères et sœurs, etc.

> *Hear it ... and forget. Play it ... and understand.*
>
> **Sivasailam Thiagarajan**

Choisir un jeu pour apprendre

Quelles doivent être les caractéristiques d'un jeu pour apprendre ? Ce jeu doit :

- être rapide à mettre en œuvre ;
- ne pas nécessiter de matériel compliqué ;
- avoir des règles facilement assimilables ;
- permettre d'étudier ce qui doit être étudié ;
- être pratiquement sans coût ;
- être facilement adaptable et modifiable selon les circonstances.

Au début, la manière sans doute la plus simple de créer un jeu d'apprentissage est de détourner des jeux connus (comme il a été montré dans le chapitre sur la mémorisation), par exemple :

- le jeu de Memory ou les dominos pour travailler le vocabulaire d'une langue étrangère, les formules, l'histoire, la biologie, etc. ;
- les jeux basés sur des questions/réponses, comme le Trivial Pursuit : il suffit de créer d'autres cartes questions, tout en conservant les règles – ou en modifiant les règles pour que le jeu soit plus adapté, plus rapide à jouer, plus simple à expliquer ;
- des jeux télévisés (comme *Questions pour un champion*), en adaptant les règles ;
- des jeux de cours de récréation, en les transformant, comme la marelle ou les jeux de billes ;
- etc.

© Groupe Eyrolles

Et bien entendu, il est possible d'associer l'enfant à la recherche d'un jeu pour l'aider à apprendre.

Utiliser des jeux-cadres

On peut également, avec grand profit, utiliser ce que l'on appelle des « jeux-cadres ». Tous les jeux comportent deux éléments bien distincts : le contenu du jeu (l'idée du jeu) et les procédures pour jouer (les règles). Le concept de jeu-cadre, formalisé par Sivasailam Thiagarajan, considère un jeu comme une structure vide pouvant être remplie de différents contenus. On garde les règles, en modifiant le contenu selon ses besoins. Ainsi, le même jeu-cadre pourra être utilisé dans des circonstances tout à fait variées, par exemple aussi bien dans une classe de primaire que dans un environnement familial ou dans une réunion d'entreprise.

Simples à mettre en œuvre, d'un coût quasiment nul, et très faciles à modifier et à adapter, certains jeux-cadres sont particulièrement efficaces pour favoriser l'apprentissage de son enfant.

Exemples de jeux-cadres pour inciter à lire

À l'école (comme d'ailleurs dans bon nombre de métiers), il est nécessaire – ou l'on est obligé – de lire de nombreux documents : des livres, des manuels, des aides ou des consignes écrites. Mais souvent des élèves rechignent à lire, et trouvent des échappatoires variées pour éviter ce qu'ils considèrent comme une corvée.

Pour tirer le meilleur parti des lectures, grandes ou petites, et pour augmenter la probabilité que l'enfant lise ce qu'il est souhaitable ou nécessaire qu'il lise, voici quelques activités de type « jeux-cadres » que peut mettre en œuvre un parent.

© Groupe Eyrolles

La chasse aux idées principales

Ce jeu peut être utilisé lorsque l'enfant n'a aucune difficulté à rédiger des phrases simples.

1. Si vous êtes deux, divisez le texte à lire en deux parties (ou en autant de parties qu'il y a de participants). Chacun est responsable de sa partie.
2. Demandez à votre enfant de lire attentivement la partie du texte qu'il a reçue, et de préparer sur une feuille les idées principales qui y sont exposées. Expliquez-lui que cela vous aidera, vous, à étudier la partie du texte dont il est responsable. Faites de même de votre côté, sur la partie du texte que vous avez reçue.
3. Échangez, vous et votre enfant, vos listes. Chacun utilise alors la liste de l'autre pour découvrir et lire la partie du texte qu'il ne connaît pas encore.
4. Puis, en s'inspirant des deux listes, créez ensemble une liste finale des idées principales du texte. Si cela s'y prête, cette liste finale pourra ensuite être mise sous forme de diagramme hiérarchique ou de topogramme. Dans ce dernier cas, les idées principales qui ont été trouvées serviront à déterminer les mots clés des branches de premier niveau (puis on complétera avec des sous-branches, des couleurs et des illustrations) ; ce topogramme pourra servir pour un approfondissement du texte, ou pour la mémorisation des éléments importants.

Résumer la lecture

Une bonne manière de pousser l'enfant à faire attention aux thèmes et aux conclusions importantes d'une lecture (plutôt qu'aux détails non essentiels) est de lui demander d'écrire un résumé. On peut proposer différentes formes de résumé, en fonction du but à atteindre et des intelligences fortes[1] de l'enfant. Là encore, le parent peut également faire cette activité de résumé de son côté, pour rédiger ensuite un résumé commun avec son enfant.

1. Voir chapitre 6.

© Groupe Eyrolles

Voici différentes sortes de résumés possibles :

- un résumé en 100 mots ;
- un résumé en une phrase ;
- un résumé sous forme de frise ;
- un résumé sous forme de bande dessinée (voir chapitre 13) ;
- la réalisation d'un poster, sans texte ni nombre ;
- la conception d'un slogan ;
- la conception d'une publicité télévisée, etc.

Des idées à deviner

Ce jeu permet de s'assurer que l'enfant a compris les idées essentielles de la lecture, en faisant appel à son intelligence *visuelle/spatiale.* C'est une adaptation du célèbre jeu Pictionnary.

1. Demandez à votre enfant de faire attention aux idées principales et aux mots clés du texte à lire. Suggérez-lui de visualiser les points essentiels tout en lisant le texte ; faites de même de votre côté.
2. Au bout d'un temps suffisant, chacun, à tour de rôle, fait un dessin (on ne doit utiliser ni mots ni nombres) en rapport avec l'une des idées principales, et l'autre doit deviner de quelle idée il s'agit, dans un temps limité (par exemple 1 minute). Si celui qui dessine arrive à faire deviner l'idée à l'autre, il gagne 2 points, et celui qui a deviné gagne 1 point.
3. Le jeu s'arrête lorsque toutes les idées essentielles ont été devinées.

Des questions et des réponses

1. Préparation : faites découper par votre enfant des petites fiches rectangulaires de type « cartes flash » [1], en papier si c'est pour un usage unique, en bristol si vous souhaitez les réutiliser plus tard (par exemple pour des révisions).
2. Sur le contenu de la lecture imposée, demandez à votre enfant de préparer 5 à 10 questions, et de les écrire sur des cartes séparées. Sur chacune des cartes, une face doit contenir une question, et l'autre la réponse correcte. Proposez quelques exemples de questions : « Qui a fait telle action ? », « Que signifie tel mot ?», « À quelle date se passe tel événement ?», etc. Faites de même de votre côté.

1. Voir chapitre 9.

© Groupe Eyrolles

3. Lorsque les cartes sont préparées, mélangez les deux paquets, celui de votre enfant et le vôtre. Placez le jeu de cartes au milieu de la table, côté question sur le dessus.

4. Le premier joueur lit la question qui est sur la carte du dessus. Il a 10 secondes pour donner la bonne réponse. Lorsqu'il a donné sa réponse, et si vous pensez qu'elle est fausse, vous pouvez lui lancer un défi, pour donner la réponse correcte. Si la réponse de votre enfant est correcte, il gagne 1 point, ou 2 points s'il y avait défi. Et celui qui a lancé un défi gagne 2 points pour une bonne réponse. On joue ainsi à tour de rôle, jusqu'à épuisement des cartes ou jusqu'à la fin d'un temps fixé. Celui qui a le plus de points a gagné.

Lecture « intelligences multiples »

Ce jeu-cadre s'appuie sur la théorie des intelligences multiples d'Howard Gardner, décrite au chapitre 6.

Proposez à votre enfant d'utiliser plusieurs de ses *intelligences multiples* pour découvrir et comprendre le texte ou le livre à lire, par exemple :

- avec l'intelligence *verbale/linguistique* : préparer un résumé écrit, ou un discours ;
- avec l'intelligence *visuelle/spatiale* : créer un résumé sous forme graphique, ou sous forme de topogramme ;
- avec l'intelligence *logique/mathématique* : faire un résumé sous forme de structure logique (en particulier avec la démarche cause/conséquence) ;
- avec l'intelligence *interpersonnelle* : discuter du texte avec vous ;
- avec l'intelligence *musicale/rythmique* : faire un résumé sous une forme musicale, rythmique ou poétique ;
- avec l'intelligence *intrapersonnelle* : réfléchir sur le rapport qui peut exister entre le texte et sa vie ; ou comment ce texte peut l'enrichir, ou lui permet de mieux comprendre les autres ;
- avec l'intelligence *corporelle/kinesthésique* : mettre en scène des éléments importants du texte ;

© Groupe Eyrolles

- avec l'intelligence *naturaliste* : s'attacher aux éléments du texte qui ont un rapport, direct ou indirect, avec la nature ; ou bien trouver une manière de *classer* les différentes idées ou les différents éléments du texte.

Exemples de jeux-cadres pour mémoriser

Le Bingo

Inspiré du Loto, ce jeu, facile à mettre en œuvre, est toujours très apprécié des enfants. Il est bien entendu plus stimulant et amusant d'y jouer à plusieurs.

1. Établissez une liste de questions factuelles, courtes et précises, sur la leçon à mémoriser, appelant des réponses claires et sans ambiguïtés (par exemple, formule du méthane : CH^4).
2. Préparez (ou faites préparer par votre enfant) une feuille « Bingo » (voir un exemple ci-dessous), c'est-à-dire une grille de quatre lignes et de quatre colonnes, et demandez-lui de numéroter d'une manière aléatoire les 16 cases[1]. Le but du jeu est d'aligner quatre bonnes réponses ; horizontalement, verticalement ou en diagonale.
3. Déroulement du jeu : lorsque votre enfant est prêt, indiquez-lui un nombre de 1 à 16 (par exemple 12). C'est dans cette case qu'il devra écrire sa réponse. Puis lisez la première question de votre liste. Votre enfant doit écrire la réponse dans la case prévue. Au bout d'un temps suffisant (10 à 20 secondes), donnez la bonne réponse. Si l'enfant a répondu d'une manière correcte, il entoure sa réponse avec une bulle ; si sa réponse est incorrecte, il la barre.
4. Et le jeu se continue ainsi. Lorsque votre enfant a 4 cases alignées, il crie « Bingo ». Félicitez-le, et continuez à jouer.
5. Lorsque vous avez posé les 16 questions, comptez le nombre de « Bingo » réalisés, et discutez avec lui pour savoir s'il considère qu'il connaît bien sa leçon, ou s'il pense que certains éléments méritent d'être revus.

Remarque : on peut également mélanger les questions et les réponses. Par exemple, si l'enfant doit vérifier ses connaissances sur les capitales de différents pays européens, vous pouvez lui demander, parfois la capitale d'un pays, parfois le pays dont telle ville est la capitale.

1. On peut faire des feuilles Bingo plus réduites (par exemple 3 lignes et 3 colonnes, ce qui donne 9 cases et 9 questions à préparer), ou des feuilles Bingo plus grandes (par exemple 5 lignes et 5 colonnes, ce qui donne 25 cases et 25 questions à préparer).

© Groupe Eyrolles

Exemple de carte Bingo avec numéros aléatoires :

3	6	1	16
4	9	15	12
11	7	5	8
10	13	14	2

Bouchon !

Ce jeu nécessite au moins deux joueurs, un animateur, et un environnement qui accepte le bruit...

1. Préparez une liste de questions factuelles, courtes et précises, sur le texte ou le cours, ayant des réponses claires et sans ambiguïtés.
2. Demandez aux joueurs de placer un objet (un bouchon, ou tout autre objet sans danger) au milieu d'une table, de telle manière que chacun puisse l'atteindre facilement.
3. Lisez une question de la liste préparée. Dès que la question est lue (ou même avant, si un joueur peut deviner la fin de la question), le joueur qui pense connaître la réponse attrape le bouchon. Dans les 5 secondes suivantes, celui ou celle qui a attrapé le bouchon doit répondre à la question. Après une pause de 10 secondes, vous donnez la réponse correcte.
4. Les joueurs décident si la réponse donnée par le joueur qui a attrapé le bouchon est bonne. Si la réponse est correcte, le joueur gagne 1 point ; si elle est incorrecte, il perd 1 point (s'il n'en a pas encore, il n'y a pas de pénalité). Continuez ainsi pendant quelques minutes ou jusqu'à épuisement de votre liste de questions.

Exemple de jeu-cadre pour réfléchir à un sujet complexe

Matrice

D'une manière générale, Matrice permet de *réfléchir sur les interrelations*, par exemple entre :

- des personnes ou des personnages d'un roman, d'une pièce de théâtre, d'un film ;
- des personnes ayant participé à un même événement historique (par exemple : Robespierre, Danton, etc., lors de la Révolution française).

Ce jeu permet de vérifier la qualité de ses connaissances sur un sujet, ou d'approfondir ses connaissances. La version la plus stimulante de ce jeu nécessite au moins trois joueurs. Mais on peut également y jouer en solitaire, avec l'aide d'un adulte. C'est cette version en solitaire qui est décrite ci-dessous.

1. Définissez les idées à croiser (par exemple : 3 idées, ou 4 belligérants principaux lors d'un conflit, ou 5 personnages d'un roman).
2. Demandez à votre enfant de dessiner ou de réaliser une grille carrée comportant autant de lignes et de colonnes que d'idées (ou de belligérants, ou de personnages) à croiser. Numérotez les lignes et les colonnes, ainsi que les cases : par exemple, « 13 » est à l'intersection de la ligne 1 et de la colonne 3. Écrire les idées à croiser à côté de la matrice, en les numérotant.

	1	2	3	4
1	11	12	13	14
2	21	22	23	24
3	31	32	33	34
4	41	42	43	44

1.......................

2.......................

3.......................

4.......................

© Groupe Eyrolles

3. Préparez des bouts de papier numérotés de 1 à 4, pour tirer au hasard l'un des nombres inscrits dans la matrice, qui indique la case où l'on va jouer.
4. Le joueur doit rechercher, dans un temps limité, une phrase exprimant le mieux le lien entre les deux idées correspondant à cette case. Il peut justifier de la pertinence de cette phrase en la disant à l'adulte. Puis il inscrit cette phrase dans la case correspondante, ou sur une feuille séparée.
5. Le jeu continue suivant la même procédure, pendant un temps fixé ou jusqu'à ce que toutes les cases soient remplies. Ce jeu peut s'étaler dans le temps, en ne jouant que 3 ou 4 cases chaque fois.

Remarques :

- Les cases 31 et 13, par exemple, mettent en interrelation les mêmes idées, ou les mêmes personnages. Si une case a déjà été jouée, il s'agira de trouver pour l'autre une nouvelle phrase mettant les deux idées en interrelation de manière différente.
- Si une case de la diagonale a été choisie (par exemple la case 11 ou 44), la phrase doit mettre en évidence le caractère majeur de cette idée, ou l'importance particulière de tel personnage.
- Matrice permet aussi une réflexion sur une situation selon des *points de vue* différents. Par exemple, on peut tenter de mieux comprendre un conflit en entrecroisant les points de vue des différents belligérants. Dans le cas de la Seconde Guerre mondiale sur le continent européen, on peut ainsi considérer cinq belligérants principaux : les Allemands, les Français, les Anglais, les Américains et les Soviétiques. Si l'on joue sur la case 14, reliant Allemands et Américains, le jeu consistera à trouver une phrase exprimant ce que les Allemands pensaient des Américains. Dans la cellule 41, il s'agira de définir ce que les Américains pensaient des Allemands. Dans les cellules diagonales, on s'intéressera à ce que chaque peuple pensait de lui-même.

© Groupe Eyrolles

Attention, ces enfants ne jouent pas !

De Rousseau à Darwin, de l'apparition des jeux éducatifs (Nathan, en 1904) à la multiplication des écoles maternelles qui, très vite, s'inspirent des méthodes promues par Maria Montessori, Ovide Decroly et Célestin Freinet (toutes axées sur le respect du développement psychomoteur de l'enfant), le jeu n'a cessé, dans la première moitié du XXe siècle, de conquérir ses lettres de noblesse – avant ensuite de les perdre.

Les textes officiels soulignent son rôle positif dans le développement cognitif, affectif et social des petits et des grands. Puis les développements de la psychologie de l'enfant ont permis que le jeu soit considéré comme une activité véritablement fondatrice de la personnalité.

Sur le plan cognitif, certains spécialistes considèrent qu'un manque de jeu chez l'enfant peut limiter son développement intellectuel. D'autres estiment le jeu comme fondateur de toute créativité. D'autres encore voient l'importance du jeu pour permettre à l'enfant d'affronter la réalité : l'enfant, lorsqu'il joue, entre dans une aire intermédiaire, où la réalité se voit remodelée en fonction de ses besoins internes.

On remarque que les enfants qui jouent régulièrement à des jeux de plateau (Scrabble, Monopoly, Cranium, Cluedo, etc.) avec leurs parents ont de meilleurs résultats à l'école. Cela leur donne l'occasion de développer différentes capacités, comme : penser et décider par soi-même, attendre son tour, savoir s'exprimer, respecter les règles. Avec, en plus, l'occasion de partager des moments plaisants avec leurs parents.

Et que penser des jeux vidéo ? Il ne faut pas se tromper de débat : c'est le contenu des jeux vidéo qui est important, pas le support. C'est pour cela qu'il est nécessaire que les parents et les éducateurs apprivoisent ce type de jeu, pour faire le tri. Les spécialistes de la dépendance aux jeux vidéo ont remarqué bien souvent un lien entre l'abus d'utilisation de jeux et des difficultés à vivre chez l'utilisateur (enfants, adolescents comme adultes). Cette dépendance aux écrans cache bien souvent des problèmes affectifs ou sociaux. Pour sensibiliser les parents à ce problème, une campagne (courageuse) aux États-Unis proposait l'image suivante, avec ce commentaire : « Attention, ces enfants ne jouent pas ! »

© Groupe Eyrolles

Paulo Freire : la pédagogie des opprimés

Paulo Freire (1921-1997) est un pédagogue brésilien, surtout connu pour ses efforts d'alphabétisation visant les personnes adultes de milieux pauvres. Il critique une conception « bancaire » de l'éducation, qui consiste à déverser un savoir prémâché dans la tête des enfants. Pour lui, plus les élèves s'emploient à archiver ces « dépôts » qui leur sont remis, et moins ils développent en eux une conscience critique qui leur permettrait de transformer le monde.

Paulo Freire estime que l'enseignement doit contenir une dimension politique et sociale : il faut que les élèves et les enseignants s'engagent, collaborent, participent, prennent des décisions, soient responsables tant socialement que politiquement.

En avril 1964, lors du coup d'État, il est emprisonné pour activités « subversives ». Il entreprend alors la rédaction de *L'Éducation comme pratique de la liberté*. Puis il est expulsé au Chili, où il travaille pendant cinq ans à un programme d'alphabétisation.

C'est en 1974 qu'il écrit son ouvrage le plus célèbre : *Pédagogie des opprimés*. Il y oppose les tenants d'un savoir imposé (les oppresseurs) à ceux qui reçoivent ce savoir figé (les opprimés). Il a reçu le prix Unesco de l'éducation pour la paix en 1986.

© Groupe Eyrolles

Chapitre 13

Dessiner pour bien apprendre

Pour beaucoup d'enfants, le dessin est une forme d'expression qui vient avant la capacité à s'exprimer clairement en mots : c'est un langage qui leur permet d'expérimenter et de laisser s'exprimer leur imagination et leur créativité d'une manière naturelle.

Très utilisé dans les petites classes – et à la maison, le dessin perd droit de cité au fur et à mesure que l'enfant avance dans son parcours scolaire. De la même façon que pour le jeu, le dessin est progressivement considéré comme une activité futile, ou réservée au cours d'arts plastiques.

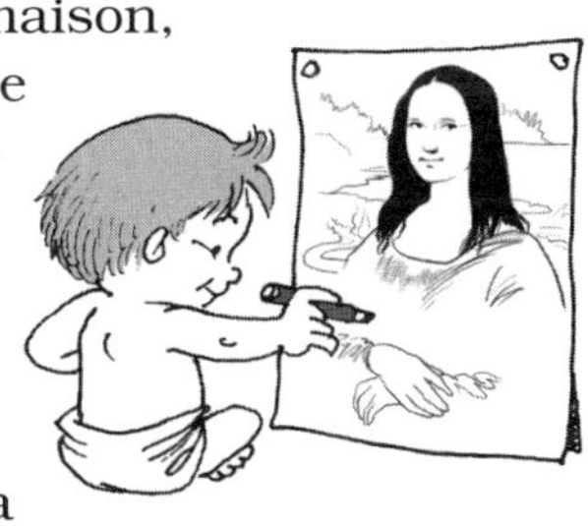

En général, vers 8/10 ans l'enfant perd sa spontanéité à dessiner. Au fur et à mesure qu'il grandit, des réticences croissantes le poussent à abandonner cette manière de faire. Et s'il n'est pas encouragé à continuer à utiliser le dessin, il dira, de manière définitive, qu'il « ne sait pas dessiner », et perdra l'usage de cet outil d'expression.

Pourtant, l'usage du dessin est un moteur puissant pour apprendre. Et le dessin peut se combiner avec l'expression verbale et l'expression écrite, il peut aider les enfants à *voir* ce qu'ils pensent, à *écrire* ce qu'ils voient et à *retenir* ce qu'ils ont lu.

© Groupe Eyrolles

Pourquoi néglige-t-on « le dessin pour apprendre » ?

On peut trouver plusieurs raisons pour expliquer cet abandon de l'utilisation du dessin par beaucoup d'enfants. Ces raisons sont plus dues à un contexte d'éducation et d'enseignement qu'à de réelles nécessités, ou à une baisse de capacités.

L'obligation de « bien » faire les choses

À l'école, à mesure qu'il passe de classe en classe, l'enfant se voit imposer une règle : « Ne fais que ce que tu sais bien faire », et cette règle s'applique plus ou moins dans toutes les matières qu'on lui enseigne. Lorsqu'on dessine, c'est tout le contraire : on fait des essais et des erreurs, des brouillons, des esquisses, toutes choses qui sont comme un tâtonnement et qui font avancer l'esprit. Et cette démarche, très riche et très créative, est souvent antinomique avec celle préconisée par le système scolaire, qui est de faire les choses selon des normes posées et imposées, sans se tromper.

Finalement, les élèves ont souvent l'impression que tout ce qu'on leur demande, c'est de fournir un produit fini. Mais les produits finis ne sont, par définition, qu'une fin. Quand on associe le dessin et le griffonnage à la réflexion, cela permet de mieux réfléchir.

La séparation entre les « artistes » et ceux qui ne le sont pas

Le système scolaire est riche en séparations pratiques mais réductrices. Il y a :

- les « littéraires » et les « matheux » (Pascal, Descartes et bien d'autres étaient pourtant les deux à la fois) ;
- les « rats de bibliothèque » et ceux qui « ne lisent jamais » (peut-être que ceux qui ne lisent jamais aimeraient lire autre chose que ce qu'on leur impose, ou d'une manière différente de celle qu'on leur impose) ;

© Groupe Eyrolles

- les « intellectuels » et les « manuels » ;
- et, de même, les « artistes » (avec souvent une connotation condescendante ou péjorative) et ceux qui sont « nuls en dessin ».

Une méconnaissance de l'intérêt cognitif du dessin

Lorsqu'on n'a jamais réfléchi à l'intérêt du dessin pour apprendre, comment le proposer à ses élèves ou à son enfant ? Pourtant, dessiner présente de sérieux avantages :

- Cela met en œuvre d'autres parties de notre cerveau que celles utilisées pour le raisonnement logique. C'est le côté plutôt « hémisphère droit » qui est alors sollicité, en faisant appel à la globalité, à la représentation visuelle, aux raccourcis symboliques, aux couleurs, donc à des parties souvent délaissées de notre cerveau.
- À l'usage, on constate également que dessiner est une manière d'approfondir sa pensée, d'attirer des idées comme un aimant.
- Et le dessin facilite grandement la mémorisation à long terme.

© Groupe Eyrolles

La non-reconnaissance de l'intelligence *visuelle/spatiale*

Certains enfants ont une très forte intelligence *visuelle/spatiale*[1], ils pensent plus en « dessins » qu'en « mots ». Ne pas reconnaître ce type d'intelligence dans un enseignement peut mener des enfants jusqu'à l'échec scolaire.

L'ignorance de moyens simples pour utiliser le dessin dans une démarche d'apprentissage

Même en acceptant l'intérêt du dessin pour apprendre, le parent ou l'enseignant ne saura pas forcément comment s'y prendre. Pourtant, avec un certain nombre de moyens simples, pratiques et ludiques basés sur le dessin, on peut encourager et développer chez l'enfant le langage, la réflexion et la confiance en soi. Et cela (que l'on soit parent ou enseignant) sans être soi-même « fort en dessin ».

« Je ne sais pas dessiner ! »

Voilà une raison souvent invoquée pour ne pas utiliser le dessin : « Je suis nul en dessin » ou « Je ne sais pas dessiner ». Comment débloquer un enfant (ou un adulte...) qui « ne sait pas dessiner » ?

Débloquer un enfant qui « ne sait pas dessiner »

Un jour où votre enfant est disponible de corps et d'esprit, par exemple pendant les vacances, proposez-lui l'activité suivante[2] (bien entendu, d'autres personnes « nulles en dessin » de la famille peuvent également participer).

1. Selon la définition de Howard Gardner, voir chapitre 6.
2. Inspirée de Jon Pearson.

© Groupe Eyrolles

1. Donnez à votre enfant du papier et laissez-le dessiner ce qu'il veut, en n'imposant que deux règles. À partir du moment où il a commencé son dessin : il ne doit pas s'arrêter, et il ne doit pas lever son crayon du papier. Laissez-le faire ainsi pendant quelques minutes.
2. Puis proposez-lui de faire le même exercice, mais, cette fois-ci, vous nommerez de temps en temps un objet qu'il devra immédiatement dessiner. Par exemple, s'il a commencé à dessiner une voiture, lorsque vous direz « une vache », il devra déplacer sa main sur le papier pour dessiner une vache un peu plus loin, ou bien terminer sa voiture en la transformant en vache. Cela l'obligera à dessiner des choses qu'il n'a pas l'habitude de dessiner. Commencez par des choses simples (un ballon, une fleur), puis passez à des choses plus compliquées : un éléphant, la tour Eiffel, l'intérieur d'une baleine.
3. Ensuite, toujours en conservant les deux règles ci-dessus, proposez-lui de faire la « bande dessinée » d'une histoire que vous allez lui raconter pendant 2 ou 3 minutes. Il fera ainsi des « lignes de dessins », en partant en haut à gauche de la feuille et en avançant vers la droite ; lorsqu'il sera arrivé en haut à droite, il reviendra à gauche pour faire une seconde ligne. Insistez sur le fait que les dessins n'ont pas à être « corrects » ou « réussis » ; l'essentiel est de garder une trace de chaque événement de l'histoire. Inventez une histoire la plus imagée et la plus farfelue possible, et allez assez vite, pour éviter que votre enfant fignole trop ses dessins. L'histoire, par exemple, pourra ressembler à ceci : « Un jour, un extraterrestre débarque dans le parc situé à côté de la maison. Il a entendu parler, sur sa lointaine planète, de la tour Eiffel et vient la visiter. Il rencontre tout d'abord un crapaud à deux têtes, à qui il demande son chemin... etc. »
4. Lorsque votre histoire est terminée (ou lorsque la feuille est entièrement remplie), demandez-lui de raconter la même histoire à quelqu'un d'autre (ou à vous-même), en s'aidant de sa « bande dessinée ». Il est probable qu'il fera cela très bien, et commencera à comprendre qu'on peut faire des dessins utiles même si le professeur d'arts plastiques hurlerait devant ce qui apparaît être des gribouillis.
5. Enfin, proposez-lui de transcrire de cette manière, en bande dessinée, une leçon qu'il doit apprendre, là encore sans se soucier aucunement de bien dessiner. Puis demandez-lui de vous réciter sa leçon en s'aidant de ses dessins.

© Groupe Eyrolles

Des petits dessins utiles

De la même manière que l'on apprend à écrire en faisant des lignes de « bâtons » ou de courbes, on peut faire des lignes de petits dessins, comme par exemple :

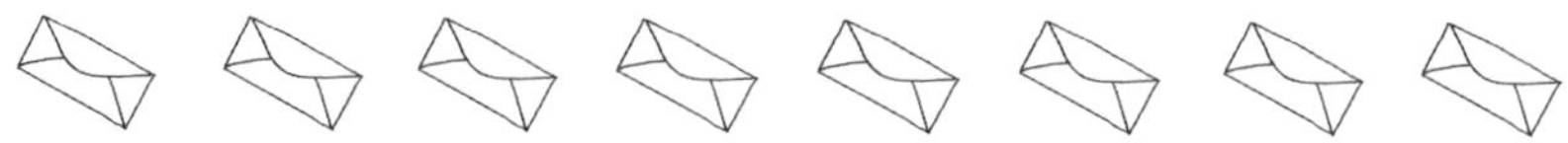

Quelques exemples d'utilisation du dessin et de l'image pour apprendre

Le dessin pour se poser des questions

Nous vivons à l'« âge de l'information », et il est souvent plus important de savoir ce que nous ne savons pas, que de savoir ce que nous savons. En d'autres termes (comme nous l'avons vu au chapitre 8), les questions sont souvent plus importantes que les réponses. Ce sont les questions qui nous permettent d'avancer, d'aller toujours plus loin, d'apprendre seul.

Se poser des questions peut même devenir une forme d'art : la qualité des questions engendre la richesse de la pensée. Également, se poser des questions rend curieux, et la curiosité engendre l'intérêt et la motivation. Et parmi d'autres techniques, le dessin est un remarquable moyen de se préparer à découvrir ce que l'on ne sait pas encore...

Supposons que votre enfant commence à étudier la Première Guerre mondiale. Lorsqu'il abordera la guerre dans les tranchées, proposez-lui ceci :

© Groupe Eyrolles

1. Prendre une feuille de papier et la diviser en deux colonnes, en traçant une ligne verticale de haut en bas de la feuille.
2. Dessiner, dans la colonne de gauche, les tranchées dans lesquelles Français et Allemands vivaient pendant des jours et des semaines. Il est probable qu'il aura du mal, par manque d'informations, et il s'apercevra ainsi qu'il ne sait pas grand-chose sur le sujet.
3. Demandez-lui, tout en dessinant comme il peut les tranchées, d'écrire en même temps dans la colonne de droite toutes les questions (même celles qui semblent farfelues) qui lui passent par la tête, et dont les réponses pourraient l'aider à faire son dessin, par exemple : « Est-ce que les tranchées étaient profondes ? », « Où étaient les toilettes ? », « Est-ce qu'il y avait des femmes ? », « Comment faisaient-ils quand il pleuvait ? », « Où faisaient-ils sécher leur linge ? », « Est-ce qu'ils avaient la radio et la télévision ?», etc.
4. Vous pouvez ensuite lui demander comment il répondrait à certaines de ces questions.

Le dessin final ressemblera sans doute à un gribouillis, mais l'enfant aura récolté un nombre important de questions. Par la suite, lorsque l'enseignant parlera des tranchées, montrera des photos ou des reproductions, lira des lettres écrites par les Poilus, votre enfant « verra » la vie dans les tranchées avec un intérêt qu'il n'aurait sans doute jamais eu s'il avait juste reçu des informations sur le sujet.

L'image pour se poser des questions

À force de regarder la télévision, les enfants finissent souvent par regarder passivement les images qui leur sont proposées ; ils deviennent des penseurs passifs plutôt que des interrogateurs actifs. « Interroger l'image » est un excellent moyen de développer un mode de pensée actif.

Pour interroger une image, on peut proposer les règles suivantes :

1. Dans un temps limité (par exemple une minute), en regardant une image reliée à ce que l'enfant doit apprendre, proposez-lui d'exprimer le maximum de questions, même si elles semblent inutiles, farfelues ou complètement décalées. Les questions ouvrent l'esprit. Recherchez la quantité.
2. Faites-lui noter ces questions, ou notez-les vous-même. Elles peuvent être générales, ou interroger directement l'image. Si, par exemple, l'enfant interroge l'image en pied d'un roi de France, cela pourra donner : « Qui a fabriqué ton habit ? », « Où habitais-tu ? », « Portais-tu un slip ou un caleçon ? », « Est-ce qu'il t'arrivait d'avoir mal à la tête ? », « Qu'avais-tu mangé ce jour-là ? », « Est-ce que tu étais habillé comme ça avant les batailles ? », « À quoi pensais-tu pendant qu'on faisait ton portrait ? », etc. Interroger l'image appelle à s'intéresser aux détails, les détails font naître des questions, les questions rendent curieux et intéressé.

3. Pendant qu'il décrit ce qu'il voit dans l'image, ou qu'il questionne l'image, proposez également à votre enfant de toucher l'image du doigt pour sentir ce qu'il dit. Les yeux, la bouche et la main forment alors une « boucle de pensée », et l'enfant découvre ainsi des tas de choses à voir, à sentir et à dire.

Le dessin pour approfondir une idée

Nous employons souvent beaucoup de mots ou d'expressions sans trop savoir ce que nous y mettons derrière ; nous avons alors une pensée superficielle, peu approfondie, facilement manipulable.

Pour approfondir une idée ou un mot, il est intéressant de rechercher une illustration pour cette idée ou ce mot. Par exemple, si votre enfant utilise dans ses leçons ou devoirs des mots comme « alliance » (entre pays lors d'un conflit), ou « développement durable » ou « liberté de penser », que met-il derrière ? Demandez-lui de trouver une illustration pour ces mots ou ces expressions. En particulier dans l'utilisation du topogramme[1], la recherche de dessins, d'illustrations et de symboles par l'enfant pourra à la fois enrichir considérablement sa compréhension de la leçon, et également lui en faciliter la mémorisation.

1. Voir la description de la technique du topogramme au chapitre 5.

© Groupe Eyrolles

Attention : ces illustrations ne doivent pas être de simples transcriptions d'idées, mais doivent exprimer le rapport qu'il y a entre l'enfant et l'idée ; elles doivent apporter des informations sur la manière dont il considère cette idée. Dessiner, ce n'est pas simplement « illustrer » ce que l'on sait déjà, c'est faire venir à soi des pensées et des idées.

L'avis de l'illustrateur

Et que pense Jilème, qui illustre avec talent et humour ce livre, de l'importance du dessin pour apprendre ? Posons-lui la question et donnons-lui, pour une fois, la parole…

« *Je me suis toujours dit que la vue était le seul des cinq sens que l'enfant ne peut développer dans le ventre de la mère. Ce n'est donc qu'après la naissance qu'il peut enfin découvrir le monde qui l'entoure en images, et peut-être est-ce la raison pour laquelle tous les enfants sont attirés par les formes et les couleurs. Il doit alors faire un lien entre ce qu'il voit et les autres sens : c'est de cet objet que provient tel bruit, c'est ce fruit qui a tel goût ou telle odeur… Je pense que tout ce qu'il doit ou veut savoir, il a besoin de se le représenter en images pour mieux le comprendre. Le dessin est donc un moyen de s'exprimer ou d'apprendre très important pour lui, et aussi un moyen de le mettre en valeur : un premier mot qu'il écrit (les lettres, au début, ne sont que des petits dessins pour lui), s'il est lu par un adulte, c'est une victoire ; un premier mot qu'il peut lire (qu'il voit, au début, comme un dessin à déchiffrer) est aussi une victoire.*

Un enfant a en outre besoin de voir pour croire, pourrait-on dire, mais aussi pour assimiler. Car sans représentation visuelle, l'apprentissage n'est pour lui pas complet. Et je pense que cela ne change pas adulte, car la première question que l'on pose, lorsqu'on entend parler de quelque chose que l'on ne connaît pas, est : "Et ça ressemble à quoi ?" »

© Groupe Eyrolles

UN MOMENT DE RÉFLEXION

Deux manières de bien finir la journée

Une habitude intéressante à prendre et à vivre avec son enfant, c'est de se remémorer le soir, avant de s'endormir, tous les événements de la journée, petits ou grands, ceci avec un maximum de détails.

On peut le faire de deux manières différentes, en reprenant le fil :

• soit depuis son réveil jusqu'à l'instant présent du coucher,

• ou soit de l'instant présent du coucher en remontant jusqu'au réveil.

Les bénéfices sont différents, selon l'une ou l'autre manière de faire. Dans le premier cas, on reparcoure le fil de la journée dans l'ordre chronologique, pour prendre conscience de la cohérence et des enchaînements de l'ensemble. Dans le deuxième cas, on découvre comment tous les événements de la journée ont conduit à notre état final, en cette fin de journée.

Donc, avec le maximum de détails, demandez à votre enfant de retrouver :

• les pensées qu'il a eu à tel ou tel moment, les vêtements qu'il a mis le matin, ce qu'il a mangé aux différents repas, etc.

• pourquoi il a fait ceci ou cela, à quelles situations il a été confronté,

• ce qu'il a aimé dans cette journée, et ce qu'il n'a pas aimé, etc.

Une fois cela fait, proposez-lui de se projeter dans la journée du lendemain, en prenant une résolution pour que la journée suivante soit riche, heureuse, pleine de choses positives.

S'il peut être facile de donner cette habitude à un petit enfant, cela peut être plus difficile pour un adolescent.

Dans ce cas, faites-le pour vous, en lui racontant au fur et à mesure le fil de votre journée, pour qu'il en voit le bénéfice et qu'il soit tenté de le faire pour lui.

Autre possibilité pour clôturer la journée : rechercher les « chaudoudous du jour ». Un chaudoudou (l'expression est de l'illustrateur Pef), c'est un événement, grand ou petit, qui est :

• inhabituel, c'est-à-dire qui n'arrive pas tous les jours,

• et positif.

© Groupe Eyrolles

Par exemple, cela pourra être un coup de téléphone imprévu et sympathique, une réconciliation avec sa meilleure amie, un sourire imprévu d'un enseignant...

Rechercher des chaudoudous développe chez l'enfant une vision plus positive de la vie. C'est sûrement une vertu à encourager, chez l'enfant comme chez le parent...

LE COIN DES PÉDAGOGUES

Aristote : le « loisir », but essentiel de l'éducation

On connaît Aristote (384-322 av. J.-C.) le chercheur, le fondateur de sciences, le logicien, le philosophe, mais on connaît moins Aristote l'éducateur. À 18 ans, il entre dans l'une des écoles les plus réputées de son temps, l'Académie de Platon. Et à l'âge de 41 ans, il devient précepteur du jeune Alexandre, qui deviendra « Alexandre le Grand ».

Pour Aristote, la finalité de l'éducation est identique à la finalité de l'homme : accéder au bonheur. Or, l'homme heureux d'Aristote n'est pas un « sauvage » heureux, ce n'est pas l'homme à l'état naturel ; c'est l'homme éduqué, c'est-à-dire un homme vertueux, et la vertu s'acquiert précisément par l'éducation. L'éthique et l'éducation se confondent.

Selon lui, l'un des buts essentiels de l'éducation, c'est le « loisir », la *scholê* (qui est la racine étymologique du terme « école »). Le loisir, dans l'esprit d'Aristote, n'est pas une flânerie ou une oisiveté perpétuelle ; c'est la liberté de s'occuper des choses essentielles qui élèvent l'esprit, comme la contemplation ou la philosophie, en étant débarrassé de toute contrainte d'ordre matériel. C'est pourquoi l'éducation ne doit surtout pas avoir un caractère de formation professionnelle.

Aristote prévoit quatre matières principales à enseigner : la grammaire, la gymnastique, la musique et le dessin. Comme l'ensemble de sa philosophie pratique, sa théorie de l'éducation est une pédagogie du bon sens, pour laquelle il propose trois normes : « Le juste milieu, le possible et le convenable » Le *juste milieu*, c'est d'éviter les extrêmes, les exagérations (en faisant de la gymnastique, il ne faut pas vouloir former à tout prix des champions). Le *possible*, c'est de ne demander à

© Groupe Eyrolles

l'élève que ce qu'il est capable de faire. Le *convenable* signifie que l'enseignement doit se limiter à ce qui convient à l'élève, en tenant compte de son âge, de son caractère, etc. Pour Aristote, l'éducation ne doit pas être subie passivement par l'élève : au contraire, c'est l'action qui compte. Et elle doit être source de plaisir.

© Groupe Eyrolles

Conclusion

Nous voici arrivés au bout d'un premier chemin. À travers un certain nombre d'outils, de réflexions et de savoir-faire, nous avons découvert comment la relation entre le parent et l'enfant peut s'enrichir et s'épanouir à « l'heure des devoirs et des leçons », comment ce lieu de tensions potentielles peut devenir un lieu de richesse humaine. Évidemment, il y aura toujours des difficultés, des conflits, des incompréhensions, mais peut-être un peu moins qu'auparavant.

On pourra trouver utopique de vouloir modifier son propre regard et celui des enseignants sur le « fait d'apprendre » et la scolarité de son enfant. Mais la fonction première de l'utopie n'est-elle pas de faire avancer ?

Une chose est sûre, c'est que, pour que les choses changent, il faut changer soi-même. Nous le savons, il est facile de conseiller ou de demander aux autres de changer. Mais si nous, parents, voulons que l'enfant, l'enseignant ou le système change, il faut forcément que nous changions *nous-mêmes*. Face à un enfant qui n'apprend pas, ou qui a du mal à apprendre, rien ne peut changer si l'enseignant ou le parent ne change pas.

Difficile remise en cause : l'enfant n'est plus seul responsable de ses difficultés, de sa « paresse » et de ses mauvaises notes. Sa paresse, il la partage peut-être avec son professeur, qui refuse de remettre en cause la manière dont il enseigne depuis vingt ans, ou avec son parent, qui dit ce qu'il faut faire sans faire ce qu'il dit. Ou encore, sa paresse s'est-elle peut-être développée sous la pression insupportable de ses parents qui veulent qu'il « réussisse » à tout prix, et dans la voie qu'ils ont choisie…

© Groupe Eyrolles

Le plus important, finalement, est sans doute le regard que nous portons sur l'enfant qui apprend, sur ses réussites comme ses difficultés. Tant que nous le respectons entièrement, tant que nous sommes heureux de le voir apprendre et s'épanouir en apprenant, nous sommes sur la bonne voie.

Un second chemin, complémentaire à celui décrit ici, serait également à explorer, là où le travail scolaire devient un lieu d'éducation, en particulier :

- comment se parler, comment communiquer entre parent et enfant ;
- comment développer la confiance en soi de son enfant ;
- comment exprimer ses sentiments et ses émotions, dans un respect mutuel ;
- comment l'autorité du parent peut s'exercer d'une manière équilibrée ;
- comment fixer les règles, ce qui est négociable et ce qui est non-négociable ;
- comment féliciter, critiquer, sanctionner ou récompenser ;
- quelles valeurs transmettre à son enfant ;
- etc.

Là encore, l'enjeu n'est pas mince, et la tâche du parent y est à la fois essentielle et exigeante : à travers les apprentissages scolaires, le parent reste au cœur de sa mission d'éducation, l'enfant a besoin de lui pour réussir et développer au mieux sa personnalité. Et également, ne l'oublions pas, le parent a besoin de bien vivre cette relation, pour bien vivre sa propre vie de parent et d'adulte. Il s'agira finalement, pour le parent et pour l'enfant, de bien grandir *ensemble*...

© Groupe Eyrolles

Bibliographie et sources commentées

Site Internet de l'auteur

- www.mieux-apprendre.com

  présentation des livres et des travaux de l'auteur ; téléchargement de fiches.

Approche pédagogique du « mieux-apprendre »

- Bruno Hourst, *Au bon plaisir d'apprendre*, InterÉditions, 3e édition, 2008.

  Une présentation générale, mêlant théorie et pratique, de l'approche pédagogique du « mieux-apprendre », illustrée avec talent et humour par Olivier Latyk.
- Bruno Hourst, *Former sans ennuyer*, Éditions d'Organisation, 3e édition, 2008.

  Un livre-outil pour créer ou reformater un cours ou une formation.

Travail à la maison

- Sur l'histoire de la (tentative de) suppression des devoirs depuis 1956, voir par exemple :

  http://eppee.ouvaton.org/article.php3?id_article=255

Détente et concentration

- Micheline Flak et Jacques de Coulon, *Des enfants qui réussissent*, Desclée De Brouwer, 1993.

  Un livre très pratique, par les créateurs du « yoga à l'école ».

© Groupe Eyrolles

Jeux et jeux-cadres

- Bruno Hourst et Sivasailam Thiagarajan, *Modèles de jeux de formation*, Éditions d'Organisation, 3e édition, 2007.

  Un livre pratique sur les jeux-cadres, qui s'adresse plutôt aux enseignants et aux formateurs.
- www.thiagi.com

  Pour les passionnés, le site de Thiagi, créateur des jeux-cadres et de nombreux autres jeux.

Intelligences multiples

- Howard Gardner, *Les Intelligences multiples*, Retz, 2004.
- Bruno Hourst, *À l'école des intelligences multiples*, Hachette Éducation, 2006.

  Les applications pratiques de la théorie de Gardner dans un contexte d'enseignement ou de formation.
- Quelques écoles développant les intelligences multiples :
  - New City School : www.newcityschool.org
  - Key Learning Community : www.616.ips.k12.in.us
  - San Jose Elementary School : http://world.std.com/~mkjg
  - Mountlake Terrace High School : www.edmonds.webnet.edu/mths
  - Projet SUMIT : http://www.pz.harvard.edu/Research/SUMIT.htm
- Sites parlant d'intelligences multiples :
  - www.emtech.net/mi.htm
  - www.cslaurentides.qc.ca
  - http://www.newhorizons.org/strategies/mi/front_mi.htm

Topogramme

- La technique du topogramme (*MindMapping*, carte heuristique, carte d'organisation d'idées) est présentée dans *Au bon plaisir d'apprendre* et *Former sans ennuyer*, du même auteur.

© Groupe Eyrolles

- Tony Buzan, *Dessine-moi l'intelligence*, Éditions d'Organisation, 1999.
- Tony Buzan, *Une tête bien faite : Exploitez vos ressources intellectuelles*, Éditions d'Organisation, 2000.
- Nancy Margulies, *Les Cartes d'organisation d'idées*, Éditions Chenelière/MacGraw (Québec), 2005, distribué par les Éditions Pirouette.

  Un merveilleux livre pratique sur le topogramme/cartes d'organisation d'idées.
- www.petillant.com

  Site dédié à la carte heuristique/topogramme.

Mandalas

- Voir le site d'une grande spécialiste du mandala pour les enfants, Marie Pré : www.mariepre.net/et www.hermitage-atelier.com/index/

Pédagogues

- Philippe Meirieu, *L'Éducation en questions*, Éditions PEMF, 2001.

  Une série de petits livres passionnants sur des pédagogues connus ou moins connus, avec des réactions d'enfants.

© Groupe Eyrolles

Table des activités

IMPRIM'VERT
Votre imprimeur agit pour l'environnement

Achevé d'imprimer par EMD S.A.S.

N° d'imprimeur : 18845
Dépôt légal : février 2008
Imprimé en France

Cet ouvrage est imprimé - pour l'intérieur - sur papier Tauro 90 g des papeteries M. Réal, dont les usines ont obtenu la certification environnementale ISO 14001 et opèrent conformément aux normes ECF et EMAS